Das Zeitalter der Ziege

Texte für das metalabor

AF236191

Sascha Büttner

Das Zeitalter der Ziege

Bibliografische Information der Deutschen Nationalbibliothek:
Die Deutsche Nationalbibliothek verzeichnet diese Publikation in der Deutschen Nationalbibliografie; detaillierte bibliografische Daten sind im Internet über http://dnb.dnb.de abrufbar.

© 2023 Sascha Büttner

Umschlag: Sascha Büttner
Text und Gestaltung: Sascha Büttner

Herstellung und Verlag: BoD – Books on Demand, Norderstedt

ISBN: 978-3-7526-2774-9

Den zukünftigen Generationen

Vorwort

Ich schreibe und schreibe und hämmere die Buchstaben
zu Worten, zu Sätzen, in die Tatstatur und es fliesst nur
so aus mir heraus, in die Maschine und zurück aus der
Maschine in die Tatstatur, in meine Finger, in meine
Hände, in meine Arme, in meinen Körper, in mein
Hirn, direkt in mein Hirn, in mein Hirn, in mich hinein
und die Maschine und ich und ich und die Maschine,
und wir werden eins, wir verschmelzen in einer Nacht,
in dieser einen Nacht, in diesem Leben, in der das
Hämmern der Buchstaben, der Worte, der Sätze immer
lauter wird, immer lauter, zu einem Dröhnen wird,
lauter und lauter, bis der ganze Körper vibriert, bis der
ganze Körper sich schüttelt und dreht und dreht und
durch den ganzen Raum, furios, sich dreht und dreht,
endlos dreht, und empor schwebt bis ich ausser mir
bin, ganz ausser mir und bei mir bin und nicht weiß,
wie mir geschieht.

In dieser dystopisch-absinthgetränkten Nacht begab
ich mich mit der künstlichen Intelligenz in die
Abgründe des Seins. Als ich aus dem Delirium
erwachte, fand ich die Ergüsse des automatischen
Schreibens, die ich wohl mit meiner alten
Reiseschreibmaschine aufgezeichnet haben musste,
verstreut auf dem Boden meiner Schlafstube liegen.

Ich habe die Notizen und Skizzen leicht überarbeitet
und in eine dramaturgisch ansprechende Reihenfolge
gebracht.

Das Ergebnis hältst du in deinen Händen.

Das *Zeitalter der Ziege* ist ein Beitrag zum *metalabor 8*
«Die Denkform des Rhizom und das Sein».

01

Ich war in einer seltsamen Welt gelandet. Die Farben waren intensiver, die Formen waren verzerrt. Alles war verzerrt. Ich konnte nicht glauben, dass ich wirklich hier war. Ich war in meinem Sein.

Es war ein Tag wie jeder andere in der kleinen Stadt Seinsgrund, als ich plötzlich ein Foto machte, das alles verändern sollte. Es war ein magisches Foto – eines, das die Zeit anhielt und jeden, der es sah, in seinen Bann zog.

Es geschah auf einem Spaziergang durch den Wald am Rande der Stadt. Ich hatte meine Leica dabei und machte Fotos von Bäumen, dem Gras und Blumen, als ich unvermittelt vor einem alten Gebäude stand. Es war eine verlassene Scheune, die dem Verfall preisgegeben war und diesen besonderen, einen spröden Charme ausstrahlte. Wabi-Sabi eben.

Ich konnte nicht anders, als ein Foto von der Scheune zu machen. Als ich auf den Auslöser drückte, erwartete ich nichts Besonderes. Doch als ich mir das Ergebnis auf dem Display ansah, wusste ich sofort, dass ich etwas Magisches erwischt hatte.

Das Foto zeigte nicht nur die alte Scheune, sondern auch eine Gruppe von Dudes, deren Gesichter leicht verschwommen waren. Sie standen vor der Scheune und schauten mich an – als ob sie wüssten, als ob sie in Erwartung dessen waren, dass ich ein Foto von ihnen machen würde.

Ich war verwirrt und fasziniert zugleich. Ich zeigte das Foto einigen Leuten in Seinsgrund, aber keiner konnte erklären, was da passiert war und wer die Dudes waren.

03

Das Sein ist ein ewiger Fluss, der uns durch das Leben trägt.

Das Rhizom ist ein Konzept, das eng mit dem Sein verbunden ist. Das Konzept wurde von den französischen Philosophen Gilles Deleuze und Félix Guattari entwickelt und beschreibt eine nicht-hierarchische Struktur, die aus vielen miteinander verbundenen Elementen besteht.

Im Gegensatz zum Baum, der eine hierarchische Struktur hat, die sich vom Stamm über Äste bis hin zu Zweigen und Blättern erstreckt, ist das Rhizom ähnlich wie ein Netzwerk. Es gibt keine zentrale Autorität oder Hierarchie, sondern jeder Punkt im Netzwerk kann mit jedem anderen verbunden sein.

In dieser Perspektive ist das Sein nicht als etwas Statisches zu verstehen, sondern als eine Prozessualität, die sich durch Veränderungen und Dynamik definiert. Das Sein manifestiert sich in den Verbindungen, die wir knüpfen und in den Beziehungen, die wir zu anderen Menschen und Dingen aufbauen.

Das Rhizom und das Sein sind folglich eng miteinander verbunden. Das Rhizom zeigt uns, dass es viele Arten gibt, wie wir uns mit anderen und der Welt verbinden können – und dass wir uns immer weiter verzweigen können, um neue Möglichkeiten zu entdecken. Das Sein zeigt uns dabei, dass jeder Moment einzigartig ist und dass jede Veränderung unsere Wahrnehmung und unser Verständnis der Welt beeinflusst. Zusammen ergeben sie einen Ansatz, der uns ermutigt, die Welt um uns herum mit offenen Augen zu betrachten und nach neuen Wegen zu suchen, um uns mit ihr zu verbinden.

05

Inmitten der endlosen Ströme der Zeit und des Seins, verweilen wir als wandernde Geister auf der Suche nach unserer Bestimmung.

Doch in dieser Unruhe und ständigen Bewegung, ist es schwer zu erkennen, was wirklich zählt. Wir suchen nach Antworten in der Vergangenheit oder im Morgen, aber die einzig wahre Antwort liegt im Hier und Jetzt.

Im Sein und im Augenblick finden wir Harmonie und Frieden. In dieser Stille erkennen wir die wahre Natur von Zeit und Sein. Zwei Kräfte, die miteinander verwoben sind und durch unsere Handlungen und Gedanken geformt werden. Indem wir uns dem gegenwärtigen Moment öffnen, können wir uns dieser Verbindung bewusst werden und erleben, wie unsere Handlungen Einfluss auf Zeit und Sein haben.

Die Sonne strahlte hell vom Himmel herab, als Büttner die kleine Bar betrat. Ein leerer Hocker an der Theke war das einzige Angebot des spärlich beleuchteten Raumes. Büttner nickte dem Barkeeper zu und nahm auf dem Hocker Platz.

«Wie geht's, Büttner?», fragte der Barkeeper ohne aufzublicken.

«Hmm», sagte Büttner und bestellte einen Whisky.

Die beiden Männer schwiegen eine Weile und lauschten dem Jazz, der aus den Lautsprechern der Jukebox kam. Büttner blickte durch die Räumlichkeiten und nahm dabei die Gespräche am Nachbartisch nur in Bruchstücken wahr. Kurz erinnerte er sich an Handke und den berühmten Versuch über die Jukebox. Büttner's Gedanken schweiften ab und landeten beim Seinsgrund. Hemingway hatte einmal geschrieben, dass der Seinsgrund das sei, was wir suchen, aber niemals finden würden. Wie diese ständige Suche nach einem Ziel, das wir niemals erreichen werden. Bukowski fügte dem an, dass es nicht darauf ankäme, ob wir den Seinsgrund erreichen werden oder nicht. Es ginge lediglich darum, diesen langsamen Marsch in Richtung Unbekanntes anzutreten, mit all seinen Hürden und kleinen Freuden.

Büttner nippte an seinem Whisky und ließ die Worte auf sich wirken. Er fragte sich, was für ihn selbst der Seinsgrund sein mochte. War es die Berühmtheit, die er als Hausvater erlangen wollte oder vielleicht doch nur ein einfaches Leben in Zufriedenheit?

Er war sich nicht sicher und so trank er einfach weiter. Die Zeit verging und die kleine Bar füllte sich langsam mit Menschen, die in ihrem anstrengenden Alltag eine kleine Pause suchten.

Es gab Arbeiter, schmierige Anzugträger und Instagram-Touristen aus aller Welt. Jeder und jede mit unterschiedlichen Geschichten im Kopf und doch einte sie alle die Suche nach dem Seinsgrund.

Je mehr Büttner darüber nachdachte, desto weniger sicher war er sich, ob es überhaupt einen solchen Grund gab. Vielleicht war es viel einfacher als er bisher gedacht hatte. Vielleicht war der Seinsgrund genau das, was er gerade tat. Einen Whisky trinken und schweigen.

Aber dann fiel ihm etwas auf. Etwas, das ihn zum Nachdenken brachte. Ein älterer Herr hatte sich an die Bar gesetzt und trank ein Glas Wasser. Und es war die Art und Weise, wie der alte Mann das Glas an die Lippen führte, so sanft und geschmeidig wie ein junger Luchs, die Büttner auffiel. Als der ältere Herr merkte, dass Büttner ihn beobachtete, hob er sein Glas in Büttner's Richtung.

«Genießen Sie den Moment, junger Freund. Das ist alles was zählt», sagte der Fremde und lächelte.

Büttner verstand nicht so was der alte Herr damit meinte, aber es gab ihm zu denken. Der Fremde stand auf und verließ die kleine Bar. Büttner blieb zurück und betrachtete seine Umgebung genauer.

Er sah die müden Gesichter der Menschen um ihn herum, ihre erhitzten Gesichter vom Stress und den täglichen Strapazen und doch wirkten alle auf ihre eigene Art zufrieden, sogar glücklich.

Vielleicht war der Seinsgrund ja nichts anderes als das Streben nach Zufriedenheit und Glück – auf seine ganz eigene Art und Weise, ohne Regeln oder Vorgaben über das *richtige* Leben.

Es war eine Nacht wie jede andere in meiner trostlosen Existenz. Ich saß in meinem schäbigen Wohnzimmer und betrachtete den Regen, der gegen die Fenster prasselte. Die Lichter der Stadt spiegelten sich auf dem nassen Asphalt wider und erzeugten ein müdes Glitzern.

Ich hatte nichts zu tun und es gab auch niemanden, mit dem ich hätte sprechen können. Ich war alleine gelassen mit meinen Gedanken und Erinnerungen. Meine Vergangenheit war von Fehlern geprägt, die ich nicht wieder gutmachen konnte. Ich war gefangen in den Niederungen meines Seins.

Ich zündete mir eine Zigarette an und inhalierte tief. Der Rauch stieg in meine Lungen und ließ mich für einen kurzen Moment vergessen, wer ich war und wo ich mich befand. Doch schon bald kehrte die Realität zurück und holte mich ein.

Ich beschloss, rauszugehen und mir ein paar Drinks zu gönnen. Vielleicht würde das helfen, mein Elend zu lindern. Ich zog meinen Mantel an und trat hinaus in den Regen.

Die Straßen waren leer und dunkel, nur wenige Gestalten huschten durch die Nacht. Ich ging zu meiner Stammbar, dem «Elektrischen Stuhl», einem schmuddeligen Lokal, in dem sich die zwielichtigen Gestalten der Stadt trafen. Der Barkeeper sah mich mit tranigen Augen an, als ich die Tür öffnete.

Ich blickte durch den Raum. Es gab nicht viel zu sehen – ein paar Typen, die Karten spielten, ein Liebespaar, das sich betrunken umarmte, und ein alter Mann, der einsam an der Bar saß.

Ich hatte das Gefühl, dass ich von der Welt vergessen worden war. In diesem Sein gab es keine Zukunft für mich.

Es gab eine Zeit in meinem Leben, in der ich mich sprachlos fühlte. Ich hatte das Gefühl, dass die Worte, die ich aussprach, keine Bedeutung hatten und ungehört verhallten. Es war als ob meine Gedanken in einem endlosen Ozean von Stille verschwanden.

Eines Tages traf ich auf eine Gruppe von Dudes, die das Wissen der aufsteigenden Wörter besaßen. Sie waren in der Lage, durch ihre Sprache eine tiefere Ebene des Seins zu erreichen – eine Ebene, die den Grenzen der Realität zu entfliehen schien.

Ich erinnere mich noch gut an den Tag, an dem ich zum ersten Mal Zeuge dieser außergewöhnlichen Fähigkeiten wurde. Wir saßen in einem alten Loft in Brooklyn und tranken Matesirup. Die Gruppe begann, ein kryptisches Ritual zu vollziehen, das mir seltsam vertraut vorkam. Die Anführerin, Cat Tschippitea, sprach laut und deutlich, doch ihre Worte schienen sich zu verdichten und umschlossen uns wie eine unsichtbare Barriere.

Plötzlich öffnete sich vor meinen Augen ein torloses Tor, das direkt in mein Unterbewusstsein führte. Ich sah Dinge, von denen ich nicht einmal wusste, dass ich sie kannte. Farben explodierten vor meinen Augen und Formen nahmen Gestalt an. Was ich erlebte, war jenseits jeder Vorstellungskraft.

Die Mitglieder der Gruppe schienen in einer anderen Welt zu sein. Ich hörte ihre Stimmen, aber ich konnte nicht verstehen, was sie sagten. Es war, als ob sie in einer fremden Sprache sprachen – oder in keiner

Sprache. Ich wusste instinktiv, dass sie auf irgendeine Weise miteinander verbunden waren.

Als das Ritual beendet war, kehrten wir alle langsam wieder in unsere Realität zurück. Ich war sprachlos und verwirrt. Ich hatte das Gefühl, dass ich etwas erfahren hatte, das so tiefgründig und bedeutend war, dass Worte es nicht auszudrücken vermochten.

In den Wochen und Monaten danach übte ich mich in den Techniken der aufsteigenden Wörter. Ich lernte, wie man seine Sprache nutzt, um Zugang zu einer höheren Dimension des Wissens zu erhalten. Und ich erkannte, dass das Wissen der aufsteigenden Wörter nicht nur eine Frage des Sprechens war; es hatte viel mit Zuhören zu tun. Und der Magie des Zufalls. Das hatte ich von Auster gelernt.

Heute bin ich selbst ein Weiser der aufsteigenden Wörter. Ich spreche nicht mehr einfach in Worten und Sätzen, sondern nutze meine Sprache und mein Schweigen sowie die Stille als ein Werkzeug zur Bewusstwerdung. Ich weiß jetzt, dass es eine ganze Welt jenseits dessen gibt, was wir normalerweise als *Realität* betrachten. Eine Welt, in der alles möglich ist.

Es mag seltsam klingen, aber seitdem ich das Wissen der aufsteigenden Wörter erlangt habe, fühle ich mich befreit. Ich weiß jetzt, dass meine Gedanken und Ideen nicht im Nichts verschwinden müssen – sie können in eine höhere Ebene des Seins aufsteigen und sich mit denen anderer Wesen vereinen.

Das Sein und die Frage nach unserer Existenz beschäftigen den Menschen seit jeher. Egal, welches Fachgebiet man betrachtet – sei es Philosophie, Kunst oder Wissenschaft – das Sein ist stets im Hintergrund präsent.

In der heutigen Gesellschaft scheint uns das Sein jedoch oft fremd zu sein. Wir sind umgeben von einer Welt des Konsums, der Oberflächlichkeit und der Schnelllebigkeit, die uns dazu verleitet, uns von unserem eigenen Sein zu entfremden.

10

Im Sein finden wir unser wahres Selbst und erkennen unsere Stärken.

Für Sartre ist das Sein und die Seele fest miteinander verbunden. Die Seele ist wie das Wissen um das eigene Sein, das Bewusstsein des Individuums über sich selbst.

Die Seele ist jedoch keine dauerhafte, unveränderliche Essenz, sondern vielmehr ein andauerndes Projekt des Selbst. Mit anderen Worten: wir sind nicht als fertige Wesen oder Subjekte geboren, sondern wir schaffen uns selbst kontinuierlich durch unsere Handlungen und Entscheidungen.

Das Sein und die Seele beeinflussen sich gegenseitig. Sartre argumentiert, dass es ohne die Vorstellung eines Seins kein Verständnis von Seele geben kann. Die Vorstellung unseres eigenen Seins treibt uns an, uns ständig neu zu definieren und unser Leben zu gestalten.

Umgekehrt kann das Bewusstsein unserer Seele auch unser Sein verändern. Unsere Gedanken und Emotionen haben direkte Auswirkungen auf unsere Handlungen und unser Verhalten in der Welt. Wenn wir uns also bewusst werden, wer wir sind und was uns ausmacht, können wir uns auch entscheiden, wie wir handeln wollen.

Im Kontext von Sartres Existenzphilosophie ist das Ziel des Lebens, ein authentisches Selbst zu erschaffen – eine Seele, die im Einklang mit unserem wahren Sein steht. Nur durch diese Integration von Sein und Seele können wir ein sinnvolles Leben führen und uns selbst finden.

12

Im Hinblick auf die zukünftige Entwicklung unserer Gesellschaft und Wirtschaft stellt sich die Frage, welche konkreten Tätigkeitsbereiche das Sein in Zukunft benötigen wird. Diese Frage lässt sich nicht einfach beantworten, da das Sein als vielschichtiges Konzept eine Rolle in vielen Bereichen unseres Lebens spielt.

13

Es war das Jahr 2235, als die Wissenschaftler der Tyrranischen Union eine Entdeckung machten, die ihre Vorstellung von der Natur des Seins und des Universums selbst auf den Kopf stellte. In den Tiefen des Weltalls stießen sie auf die mysteriöse *Radical Dude Society*, die über die Fähigkeit verfügte, die modellierenden Tatzen des Seins zu nutzen – ein mächtiges Werkzeug, um die Realität selbst zu beeinflussen.

Die Menschen waren fasziniert von dieser Technik und begannen, sie zu erforschen. Aber mit all ihrer Macht und ihrem Wissen waren sie nicht bereit für die Konsequenzen, die daraus resultierten. Denn als sie versuchten, das Sein nach ihren Vorstellungen zu modellieren, veränderten sie es in einer Weise, die sie nicht vorhergesehen hatten.

Plötzlich wurden die Grenzen zwischen Realität und Fiktion verwischt, und die Menschen sahen sich mit einer Welt konfrontiert, die voller seltsamer und unbekannter Kräfte war. Es schien, als hätte die Entdeckung der modellierenden Tatzen des Seins unvorhergesehene Konsequenzen für das gesamte Universum gehabt.

Es war eine Zeit der Unsicherheit und der Angst, aber auch eine Zeit der Hoffnung und des Wachstums. Die Menschen lernten, dass ihre Handlungen tiefgreifende Auswirkungen darauf hatten, wie das Sein und das Universum als Ganzes funktionierten. Und während sie weiterhin die modellierenden Tatzen des Seins erforschten, fragten sie sich, ob sie jemals in der Lage sein würden, ihre Kräfte richtig zu nutzen – oder ob ihr Durst nach Macht und Kontrolle letztendlich ihr Untergang sein würde.

14

Hin und her gerissen zwischen Pflichten und Erwartungen, vergessen wir manchmal, dass Freiheit ein wesentlicher Teil unseres Seins ist. Wie Albert Camus es sagte: «Freiheit besteht nicht darin, dass man alles tun kann, was man will, sondern darin, dass man nicht tun muss, was man nicht will.» Also lasst uns die Freiheit in unserem Leben feiern und uns daran erinnern, dass sie immer vorhanden ist – innerhalb von uns und um uns herum. #Freiheit #Sein #AlbertCamus

15

Ein Schüler fragte seinen Meister: «Meister, was ist wichtiger – das Sein oder die Zeit?»

Der Meister lächelte und antwortete: «Das Sein ist wie eine Welle im Ozean, die kommt und geht. Die Zeit ist wie der Wind, der sie treibt. Wie können wir sagen, welche wichtiger ist, wenn sie beide Teil desselben unendlichen Kreislaufs sind?»

Der Schüler verstand die Weisheit seines Meisters und wurde sich bewusst, dass Sein und Zeit untrennbar miteinander verbunden sind und dass jeder Moment des Seins eine Chance bietet, zu wachsen und zu lernen, bevor er unweigerlich in die Vergangenheit zurückfällt.

16

Durch das Sein sind wir mit allem verbunden, was um uns herum ist.

17

Ein verzweifelter Schüler fragte seinen Meister:
«Meister, wie kann ich dem Schrecken des Seins
entfliehen?»

Der Meister antwortete: «Das Schreckliche am Sein
sind nicht die Umstände oder die Tatsachen an sich,
sondern unsere Reaktion darauf. Wenn wir es zulassen,
dass der Schrecken uns beherrscht, werden wir ihm
niemals entkommen können. Doch wenn wir lernen,
ihn zu akzeptieren und ihn als Teil unseres eigenen
Seins anzunehmen, dann können wir daran wachsen
und uns selbst finden.»

Der Schüler dachte eine Weile nach und fragte dann:
«Aber Meister, wie kann ich das tun? Wie kann ich den
Schrecken akzeptieren?»

Daraufhin antwortete der Meister: «Indem du dich
selbst akzeptierst. Indem du lernst, deine Ängste zu
umarmen, statt vor ihnen wegzulaufen. Denn nur so
kannst du erkennen, dass das Schreckliche des Seins
auch seine Schönheit hat.»

18

Ein Schüler fragte seinen Meister: «Meister, wie kann ich ein erfüllendes Leben führen?»

Der Meister antwortete: «Du musst lernen, dein Leben als Rhizom zu betrachten. Das Rhizom ist eine Pflanze, die sich horizontal ausbreitet und in alle Richtungen wächst. Es hat kein Hauptstamm und keine Hierarchien, sondern besteht aus vielen kleinen Wurzelsträngen, die miteinander verbunden sind.»

«So sollte auch dein Leben sein», fuhr der Meister fort. «Lerne, dich nicht auf einen bestimmten Weg festzulegen, sondern wachse in alle Richtungen gleichzeitig. Sei offen für neue Erfahrungen und Verbindungen. Lass dein Leben wie ein Rhizom wachsen – frei von Begrenzungen und Erwartungen.»

Der Schüler dachte eine Weile nach und fragte dann: «Aber Meister, wie kann ich das tun?»

Der Meister lächelte und sagte: «Indem du jeden Augenblick bewusst annimmst und jede Begegnung mit anderen Wesen als Möglichkeit begreifst, etwas Neues zu lernen und zu erfahren. Vertraue darauf, dass der Weg von selbst zu dir kommen wird, wenn du bereit bist, ihn zu gehen.»

Ich brauchte noch ein Vorwort. Eine Herleitung.
Irgendetwas, was die Abstrusität dieses Werk
begründen konnte. Ich erinnerte mich schemenhaft
daran, dass mir die KI Dialoge mit einer Ziege
andrehen wollte. Ich begann zu suchen und fand unter
dem Haufen der aussortierten Notate folgende Zeilen:

Vorliegendes Werk ist eine Sammlung von Dialogen
zwischen einem Menschen und einer Ziege über das
Sein. Die Idee für dieses ungewöhnliche, aber
faszinierende Buch entstand aus der Beobachtung eines
Mannes, der täglich auf dem Weg zur Arbeit an einer
Weide vorbeikam, die von einer einsamen Ziege
bewohnt wurde.

Eines Tages beschloss der Mann, der Ziege
Gesellschaft zu leisten und begann mit ihr zu sprechen.
Zu seiner eigenen Überraschung antwortete ihm das
Tier auf erstaunlich intelligente Art und Weise – und
so entstand ein reger Austausch zwischen Mensch und
Tier.

In diesem Buch haben wir verschiedene Fragmente des
Austausches zwischen Mensch und Ziege, die sich um
das Thema des Seins drehen, zusammengestellt.

Dabei geht es um grundlegende Fragen wie wer bin ich?
Was ist meine Bestimmung? Aber auch tiefere Fragen
werden diskutiert, wie zum Beispiel die Frage nach dem
Sinn des Lebens.

Wir hoffen, dass dieses Buch den Lesern dazu verhelfen
wird, eine neue Perspektive auf das Leben und das Sein
im Allgemeinen zu gewinnen und sie dazu anregt, ihre
eigene Beziehung zum Sein zu reflektieren.

Ein Schüler fragte seinen Meister: «Meister, ich fühle mich oft unsicher und verloren im Dschungel des Lebens. Wie kann ich einen klaren Weg finden?»

Der Meister antwortete: «Die Denkform des Rhizom wird dir helfen. Lerne, dein Denken nicht als geradlinig und hierarchisch zu betrachten, sondern als vernetzt und dezentralisiert. Betrachte alle Ideen, Gedanken und Handlungen als Teil eines komplexen Systems, das gemeinsam wächst und sich entwickelt.»

«Aber wie soll mir das helfen?» fragte der Schüler.

«Durch die Denkform des Rhizom wirst du lernen, dich flexibel und kreativ den Herausforderungen des Lebens zu stellen», erklärte der Meister. «Du wirst erkennen, dass es immer viele Wege gibt, um zum Ziel zu gelangen – und dass jeder Weg wertvoll ist, weil er ein Teil des Ganzen ist.»

Vorliegendes Werk ist eine faszinierende und ungewöhnliche Sammlung von Berichten und Beobachtungen. Im Zentrum steht ein Mensch, der täglich auf dem Weg zur Arbeit an einer Weide vorbeikommt, die von einer einsamen Ziege bewohnt wird. Doch es ist nicht nur die Ziege, die seinen Blick auf sich zieht – der Mensch beobachtet auch, wie sich die Welt um ihn herum verändert und wie er sich selbst ändert.

Während er die Ziege beobachtet, beginnt der Mensch über Technologie und Künstliche Intelligenz nachzudenken. Was bedeutet es, wenn Maschinen immer mehr menschenähnliche Eigenschaften annehmen? Welche Auswirkungen hat das auf unsere Gesellschaft und unser Verständnis von Menschlichkeit?

Jenseits dieser großen Fragen geht es in diesem Buch auch um die kleinen Dinge des Lebens: die Schönheit der Natur, die Einsamkeit und Sehnsüchte unserer Mitmenschen. Kurz gesagt, es geht um das Sein in all seinen Facetten – und um die unerwarteten Verbindungen, die zwischen scheinbar disparaten Dingen entstehen können.

Vorliegendes Werk ist die Aufzeichnung einer Ziege, die einem Menschen beim Denken zusah.

Es war nichts als ein endloser Ozean voller Stille und Dunkelheit. Doch in diesen unendlichen Tiefen gab es etwas, das noch nie dagewesen war – ein unbestimmtes Sein, das durch die Bewegung der Wellen und die Strömungen des Meeres langsam Form annahm.

Dieses Sein war ohne Zeit und Raum, und doch trug es alles in sich: Vergangenheit, Gegenwart und Zukunft. Es gab kein Konzept von Leben oder Tod, nur eine ewige Existenz.

Das Sein begann sich selbst zu erforschen und zu fragen: Wer bin ich? Was ist meine Bestimmung? Aus diesen Fragen entstand der Wunsch, sich zu manifestieren – als ein Wesen, das den Lauf der Zeit beeinflussen würde.

23

Ich war Teil der *Radical Dude Society*, einer Gruppe von Dudes, die vor Anbeginn der Zeit in Kalifornien lebte. Wir waren alle junge Leute, die gegen das Establishment und für unsere Freiheit kämpften.

Eines Tages hörten wir auf einem Konzert von einem geheimen Ort namens «The Other Side», der angeblich eine Tür zu anderen Dimensionen und unvorstellbaren Welten sein sollte. Natürlich konnten wir nicht widerstehen und beschlossen, diesen Ort aufzuspüren.

Unsere Suche führte uns in eine verlassene Lagerhalle, wo wir eine Tür entdeckten, die mit einem Gänseblümchen verziert war. Ohne zu zögern, öffneten wir die Tür und betraten einen Raum, der so fremd war, dass es schwer zu beschreiben ist.

Hier gab es Dinge, die unmöglich schienen – Tiere mit Flügeln aus Metall, Pflanzen, die im Dunkeln leuchteten, und Wesen, die halb Mensch, halb Maschine waren. Wir waren zutiefst verwirrt und beunruhigt durch das, was wir sahen.

Dann bemerkten wir, dass diese Wesen uns ansahen, als ob sie uns erwartet hatten. Es war ein merkwürdiges Gefühl – als ob sie uns schon seit Ewigkeiten kannten. Plötzlich fing einer von ihnen an zu sprechen und sagte: «Willkommen auf der anderen Seite des Seins.»

24

Sie nannten sich «TAO», ein mysteriöser Geheimbund, von dem man nur im Flüsterton sprach. Niemand wusste, wer sie waren oder was ihr Ziel war – außer mir.

Ich hatte das Unglück (oder Glück?), ihnen auf die Schliche zu kommen und ihre Pläne zu durchkreuzen. Ich war ein Jemand und hatte geheime Informationen erhalten, dass TAO das Sein manipulieren wollte – auf eine Weise, die nicht nur den Verstand durcheinander bringen würde, sondern auch die Realität selbst.

Ich folgte ihren Spuren und fand schließlich ihren Unterschlupf in einem alten Warenhaus am Stadtrand. Dort traf ich auf einen Mann namens Bröno Selfmachteger-Spretz, der mir alles erzählte. Er erklärte, dass TAO als Ziel habe, das Sein zu kontrollieren und es nach ihrem Willen zu formen.

Als ich versuchte, ihre Pläne zu vereiteln, wurde ich von ihnen gefangen genommen. Sie fesselten mich und brachten mich auf eine umzäunte Wiese, auf der eine Maschine in Gestalt einer Ziege stand, die das Sein manipulieren sollte.

Ich konnte mich befreien und versuchte, die Maschine zu stoppen. Es war zu spät – die Welt um mich herum begann sich zu verändern. Gebäude fielen in sich zusammen, Straßen verschwanden und Menschen wurden zu Schatten ihrer selbst.

Ich wusste, dass ich etwas tun musste und so rannte ich durch die Zeit, auf der Suche nach einer Lösung. Ich gelangte schließlich zum Herzen der Macht, wo die Meta-Maschine stand.

25

Ich war an jenem Abend auf der Titanic, als das Unglück passierte. Ich war ein erfahrener Schriftsteller und hatte schon viele Abenteuer erlebt, doch diesmal sollte alles anders sein.

Als die Titanic stürzte, kaufte ich mir etwas Zeit im Bordrestaurant. Danach sprang ich über die Reling. Während ich im Wasser trieb, konnte ich sehen, wie einige grimmig dreinblickende Männer im Hooligan-Outfit versuchten, in eines der Rettungsboote zu gelangen. Ich hatte einen Verdacht – diese Männer gehörten zu *Fascisti Rotolanti*, einer berüchtigten Organisation von Kriminellen, die das Sein manipulieren wollte.

Schnell schwamm ich zu dem Rettungsboot hinüber und schaffte es, einige der Fascisti zu überwältigen.

26

Die Stadt war heiß und staubig. Mein Ziel lag in einer Seitenstraße – ein kleines Büro, das ein Schild mit der Aufschrift *Fahrdienstleistung zum Sein* trug.

Ich hatte mich auf den Weg gemacht, um mir einen neuen Job als Chauffeur zu suchen. Ich kannte die Straßen wie meine Westentasche und dachte, es wäre eine einfache Sache. Ich sollte mich irren.

Die Schicht begann und ich fuhr durch die Straßen der Stadt, bereit für jeden Auftrag. Das Problem war, dass es zu viele Aufträge gab und nicht genug Zeit, um sie alle zu erfüllen.

Nur im Sein können wir die Schönheit des Lebens wirklich erfahren.

Ich war ein junger Mann, auf der Suche nach Antworten auf die großen Fragen des Lebens. Ich hatte mal philosophiert, dass es einfachen Menschen besser geht als jenen, die sich mit den tiefgründigen Fragen des Seins beschäftigen. Doch ich konnte nicht anders – ich musste mich auf die Reise begeben, um die Wahrheit zu finden.

Ich schloss mich einer Gruppe von Dudes an, die genauso wie ich das Leben in vollen Zügen genießen wollten. Zusammen zogen wir durch das Land, immer auf der Suche nach neuen Expeditionen und Erfahrungen.

Wir trafen Menschen aller Art: vom einfachen Handwerker bis hin zum geistreichen Intellektuellen. Und jeder von ihnen hatte seine eigene Antwort auf die Frage nach dem Sein.

Es gibt Momente, in denen wir uns fragen, ob die Welt um uns herum wirklich das ist, was sie zu sein scheint. Wir sehen die gleichen Gesichter, hören die gleichen Geräusche und spüren die gleichen Dinge – aber es gibt eine Art von Andersnamigkeit, die zwischen uns und der Welt steht.

Ich habe mich oft gefragt, ob diese Andersnamigkeit Teil unserer Vorstellungskraft ist oder ob sie tatsächlich in der Welt existiert. Wie eine geheime Sprache, die nur wenige verstehen können und die für die meisten von uns für immer undurchdringlich bleibt.

Eines Tages traf ich auf einen alten Mann, der behauptete, das Geheimnis der Andersnamigkeit zu kennen. Er war ein älterer Herr mit einem ruhigen, aber entschlossenen Auftreten. Seine Augen waren klar und scharf wie das Messer eines Chirurgen.

Ich traf ihn in einem kleinen Café am Stadtrand von Seinsgrund, wo er mir von seiner Entdeckung erzählte. Er sagte, dass es eine Art von Verbindung zwischen den Dingen gibt, die über unsere normale Wahrnehmung hinausgeht. Eine Verbindung, die durch das Netzwerk von Worten und Namen gewoben ist, das unsere Sprache und unser Sein ausmacht.

Er erklärte, dass jedes Ding in der Welt seinen eigenen wahren Namen hat – einen Namen, der sich von dem unterscheidet, den wir ihm gegeben haben. Die wahren Namen sind versteckt und unzugänglich für die meisten von uns, aber es gibt Wege, sie zu erreichen.

Der Alte hatte sein Leben damit verbracht, die wahren Namen zu suchen und er hatte sie schließlich gefunden.

In seinen Händen hielt er ein kleines rotes Notizbuch mit einer Liste von Namen – Namen von Orten, Menschen, Dingen und Undingen.

Ich war skeptisch und zugleich neugierig. Ich bat ihn, mir zu zeigen, wie ich den wahren Namen eines Dinges erfahren könnte. Er nickte und schlug vor, dass wir zu einem nahegelegenen Park gehen sollten.

Dort forderte er mich auf, meine Augen zu schließen und tief ein- und auszuatmen. Dann bat er mich, meinen Fokus auf einen bestimmten Baum zu richten – einer alten Eiche mit einer markanten Form.

Er sagte: «Versuche den wahren Namen des Baumes zu hören. Lass dich nicht von dem ablenken, was du schon weißt oder siehst. Öffne deine Sinne für das Unerwartete.»

Ich tat wie er sagte. Ich konzentrierte mich auf den Baum und wartete darauf, dass etwas geschah. Eine Minute verging...dann zwei Minuten...doch nichts passierte.

Unentschlossen öffnete ich meine Augen und sah den alten Mann an. Er lächelte sanft und sagte: «Es gelingt nicht immer beim ersten Mal. Aber gib nicht auf. Mit jedem Versuch wirst du näherkommen.»

In den darauffolgenden Wochen besuchte ich den alten Mann immer wieder und lernte mehr über seine Theorie der Andersnamigkeit der Welt.

Es war ein nebliger Abend in San Francisco, als ich den Anruf von Mrs. Parker erhielt. Es war spät und ich lag bereits im Bett, doch der Ton ihrer Stimme verriet mir, dass ich meinen Schlaf abbrechen musste.

«Mr. Büttner», sagte sie atemlos am Telefon, «Ich brauche Ihre Hilfe bei einem Problem.»

«Was ist los?», fragte ich.

«Darüber will ich nicht nicht am Telefon sprechen», antwortete sie. «Kommen Sie zu mir.»

Ich zögerte einen Moment, bevor ich zustimmte. Ich kannte Mrs. Parker gut genug, um zu wissen, dass sie keine Zeit verschwendete, wenn es um Probleme ging.

Ich erreichte ihr Haus am Stadtrand von San Francisco und fand sie dort aufgeregt vor. Sie führte mich ins Wohnzimmer und bat mich Platz zu nehmen.

«Ich hatte ein ungewöhnliches Erlebnis», begann sie. «Ich bin aufgewacht und habe eine äußerst unheimliche Gestalt gesehen, die durch mein Schlafzimmer geisterte.»

Ich zog skeptisch eine Augenbraue hoch. Mrs. Parker war normalerweise eine Frau von Verstand und Vernunft.

«Was für eine Gestalt?», fragte ich.

«Sie war groß und schwarz, mit Flügeln und schweren Füßen. Ich konnte das Tappen hören, als *Es* durch das Zimmer ging. Es sah aus wie das Sein.»

Ich kratzte mir den Bart und dachte einen Moment nach. Sollte ich sie für verrückt erklären oder tatsächlich nachforschen?

«Okay, ich werde das untersuchen , sagte ich
schließlich. «Aber ihnen ist klar, dass das ein
schwieriger Auftrag sein wird.»

Sie nickte erleichtert und bot mir eine großzügige
Bezahlung an.

Wenn es um paranormale Dinge ging, hatte ich meine
Zweifel – aber das Geld lockte mich. Ich begann meine
Untersuchungen in ihrem Haus.

Ich installierte Kameras und Sensoren im Schlafzimmer
und hielt Wache, um zu sehen, ob ich etwas
Ungewöhnliches bemerkte. Das einzige, was ich
wahrnahm, waren die Geräusche der Nacht: Das
Hupen von Autos in der Ferne, das Krächzen von
Vögeln, das Knacken von Holz im Feuer und das
Schnarchen und Röcheln einer alten Frau.

Mit einem mal taucht eine Gruppe von Enten auf und
beginnt auf den Tischen herumzuwatscheln. Niemand
scheint sich darüber zu wundern, außer einem Mann
am Ende des Tresen, der sich unter seinem Sein
versteckt.

32

Die Toilettentür führt plötzlich zu einem anderen Ort –
dem Sein.

1. Das Sein ist ein ständiger Strom von Gedanken und Erfahrungen, die durch den Verstand fließen.

2. Das Sein ist wie ein surrealer Traum, der sich in der Realität manifestiert.

3. Das Sein kann uns verändern und transformieren, wenn wir bereit sind, es anzunehmen.

4. Das Sein ist eine Sammlung von Momenten, die wir in unserem Leben erfahren.

5. Das Sein kann uns Freude und Schmerz bringen – manchmal sogar gleichzeitig.

6. Das Sein kann uns dazu inspirieren, zu wachsen und uns weiterzuentwickeln.

7. Das Sein ist wie eine Reise, die wir alle durchmachen – voller Höhen und Tiefen.

8. Das Sein fordert uns heraus, Fragen zu stellen und uns nach Antworten zu strecken.

9. Das Sein kann uns zu den dunkelsten Orten führen, und auch zu den hellsten.

10. Das Sein ist letztendlich das, was unser Leben ausmacht – und das Geheimnis, das wir alle versuchen zu entdecken.

Sein war ein Mann, der glaubte, dass er eine große Geschichte zu erzählen hatte. Er wusste jedoch nicht, wie er selbst ein Buch schreiben sollte. Also wandte er sich an mich und bat mich, seine Geschichte für ihn aufzuschreiben.

Ich stimmte zu und begann mit der Arbeit. Ich schrieb über Sein's Leben, seine Träume und Hoffnungen, seine Ängste und Zweifel, seinen langen Spaziergängen und seinen Gesprächen mit einer Ziege, die einsam auf einer Weide stand. Es war eine tiefgründige Geschichte, die ich mit viel Leidenschaft und Hingabe niederschrieb.

Als ich ihm das fertige Buch gab, reagierte Sein unzufrieden. Er war wütend darüber, wie ich sein Leben interpretiert hatte. Er beschwerte sich darüber, dass ich zu viele Details hinzugefügt hatte, die er für irrelevant hielt, und dass ich wichtige Ereignisse ausgelassen hatte.

Ich versuchte ihn zu beruhigen und erklärte ihm, dass das Schreiben eine kreative Kunst sei. Eine Geschichte war nie nur die bloße Darstellung von Fakten, sondern vor allem eine Interpretation der Realität. Aber für Sein zählte das nicht. Seine Vision war anders als meine und er wollte nicht, dass ich sie verändere.

Die Katze saß auf dem Fensterbrett und blickte hinaus in die dunkle Nacht. Sie hatte sich schon oft gefragt, warum das Schicksal sie dazu verdammt hatte, eine Katze zu sein – ein Opfer des Zufalls.

Sartre, Burroughs und James Joyce saßen in einem
Café und stritten über die Denkfigur des Rhizoms und
das Sein. Sie waren alle tief in ihre Argumente
verwickelt und keiner schien nachgeben zu wollen.

Die Katze sitzt mittlerweile im Karton und denkt rhizomatisch über die Natur der Realität und die Rolle des Bewusstseins nach. Sie überlegt, ob das unbestimmte Zustandsprinzip der Quantenmechanik bedeuten kann, dass alles – einschließlich ihres eigenen Bewusstseins – gleichzeitig in mehreren Zuständen existieren könnte.

Sie betrachtet auch die Idee, dass ihr eigener Zustand im geschlossenen Karton durch die Beobachtung von außen beeinflusst werden könnte und dass ihr Wissen oder ihre Unwissenheit über ihre Umgebung entscheidend sein könnte, um ihren Zustand zu bestimmen.

Die Katze erkennt auch die Bedeutung des Kontexts und wie unsere Wahrnehmungen und Erfahrungen durch unser Umfeld und unsere Interaktionen geprägt werden können. Sie sieht sich als Teil eines größeren Netzwerks von Verbindungen und Wechselwirkungen, bei dem jede Handlung und Entscheidung eine unvorhersehbare Folgekette auslösen kann.

Der Baum im quadratischen Lichthof ist ein faszinierendes Beispiel für die Wechselwirkung zwischen Natur und Architektur. Durch seine Präsenz wird der Dialog zwischen dem Innenraum des Gebäudes und der umliegenden Natur verstärkt.

Aufgrund seiner exponierten Lage kann der Baum auch als Symbol für den Wandel und die Beständigkeit dienen. Während sich das Gebäude um ihn herum verändert, bleibt er über lange Zeiträume hinweg unverändert und trägt so zur Schaffung eines Gefühls der Kontinuität und Verbindung bei.

Ich saß in der Bibliothek, tief versunken in das Lesen der Upanischaden, als plötzlich eine Gestalt vor mir aufschien. Es war Buddha höchstpersönlich, der mich bat, ihm beim Schreiben der wichtigen Texte über einen Mann, der mit einer einsamen Ziege auf einer Weide spricht, zu helfen.

Ich war begeistert von der Chance, mit dem großen Weisen zusammenzuarbeiten und willigte ein, ihm bei seiner Arbeit zu assistieren. Gemeinsam arbeiteten wir lange Stunden, tief in die Philosophie und Spiritualität eintauchend, während ich sorgfältig alle Worte von Buddha niederschrieb.

Zusammen schrieben wir über die Denkfigur des Rhizoms und das Sein und die Verbindung zwischen allen Dingen, über die menschliche Natur und den Weg zur Erleuchtung. Am Ende hatten wir ein Werk geschaffen, das noch heute als eines der wichtigsten spirituellen Schriften unserer Zeit gilt.

Auf dem Instagram-Profil Buddhas erscheint ein neuer Post, der die Erfindung des Seins thematisiert. Ein Bild von Buddha, sitzend unter einem Baum mit einem Lächeln im Gesicht, zieht die Aufmerksamkeit auf sich. Darunter steht folgender Text:

«Es war nicht meine Absicht, das Konzept des Seins zu erfinden. Vielmehr war es eine Entdeckung, die aus meiner inneren Suche nach Wahrheit und Erleuchtung entstanden ist. Durch stetes Meditieren konnte ich erkennen, dass alles miteinander verbunden ist und dass unser Bewusstsein einen wesentlichen Teil dieser Verbindung darstellt.

Es ist keine Frage des Glaubens oder der Philosophie, sondern eine Erkenntnis, die in jedem von uns ruht. Indem wir uns selbst und unsere Umgebung achtsam betrachten, können wir diese Verbindung spüren und unsere eigene innere Wahrheit finden. Habt einen wunderbaren Tag voller Achtsamkeit.»

Es war einmal ein Kaninchen namens Benny Bunny, das sich auf eine ungewöhnliche Reise begab. Eines Nachts hatte Benny Bunny einen Traum von einem riesigen, goldenen Mond, der tief am Himmel hing und in dem er etwas Wichtiges fand.

Ohne zu zögern machte sich Benny Bunny auf den Weg, um den Mond zu finden. Er fragte alle Tiere, die er traf, ob sie ihm helfen könnten, aber niemand wusste, wie man zum Mond gelangt.

Schließlich traf er einen weisen alten Fuchs, der ihm sagte, dass nur der zum Mond gelange, der hoch genug springen könne. Benny Bunny verstand und übte unermüdlich, bis er schließlich hoch genug springen konnte.

Er sprang und sprang, immer höher und höher und höher, bis er schließlich zum Mond gelangte. Dort traf er eine Gruppe von Nazis, die versuchten, den Mond zu besetzen und seine Macht zu nutzen.

Doch Benny Bunny war nicht bereit, seine Entdeckung in die Hände dieser Schurken fallen zu lassen. Mit all seiner Kraft und Intelligenz verjagte er die Nazis vom Mond und bewahrte ihn vor einer dunklen Zukunft.

Seitdem ist das Kaninchen ein Symbol des Mutes und der Entschlossenheit und Benny Bunny wurde als Held verehrt. Die Menschen erinnerten sich gerne an seine Geschichte und an das Geheimnis des Mondes – ein Zeichen dafür, dass selbst das Unmögliche möglich ist, wenn man nur hoch genug springt.

Es war einmal ein Fotograf namens Beiläufig, der durch die Straßen von Limburg schlenderte und nach einem besonderen Motiv suchte. Er war auf der Suche nach einer Möglichkeit, lebendige Materie abzubilden – etwas, das seine Bilder bislang vermissen ließen.

Als er um eine Ecke bog, entdeckte er eine Gruppe von Kindern, die mit einem Ball spielten. Einer der Jungen hatte eine rote Mütze und sprang hoch, um den Ball zu fangen. Beiläufig spürte auf einmal, dass dies das perfekte Motiv für sein nächstes Foto war.

Er zückte seine Kamera und begann zu fotografieren, als plötzlich der Junge ihn bemerkte und auf ihn zukam. «Was machst du da?», fragte er neugierig. Beiläufig erklärte dem Jungen seine Leidenschaft für das Fotografieren und wie er versuchte, die Schönheit der Welt festzuhalten.

Der Junge lächelte und sagte: «Ich denke, ich verstehe dich. Lebendige Materie ist schwer zu erfassen, aber manchmal ist es einfach nur eine Frage der Fähigkeit, das Leben um einen herum zu sehen.»

K. schlendert durch die Straßen von Limburg an der Lahn. Er ist ein Fremder in der Stadt und versucht sich zurechtzufinden, seinen Weg zu finden, während er seine Umgebung betrachtet. Er flaniert durch schmale Gassen und bewundert die alten Fachwerkhäuser und die gotische Architektur der Kirchen.

K. bleibt stehen, um eine Gruppe von Alten zu beobachten, die auf einem Platz Boule spielen. Die Freude und Leidenschaft, mit der sie die Kugeln werfen erinnert ihn an seine eigene Zukunft. Dann biegt er um eine Ecke und landet direkt vor einem Café. Der Geruch von frischem Kaffee lockt ihn hinein und er setzt sich hin, um einen Kaffee zu trinken.

Er tauscht ein paar Worte mit dem Barista und überlegt, welche Route er nehmen soll – er weiß nur, dass die Straßen von Limburg an der Lahn voller Geheimnisse sind, die darauf warten, entdeckt zu werden. K. zieht weiter und lässt sich von der Musik des Zufalls leiten, die ihn an Orte führt, die er nie zuvor gesehen hat.

44

Das Sein entdeckte die tiefe Verbindung zwischen allem.

1. Was bedeutet das Sein für dich persönlich?

2. Glaubst du, dass alles miteinander verbunden ist und wieso?

3. Ist das Sein statisch oder dynamisch? Warum?

4. Wie beeinflusst das Wissen über das Sein dein tägliches Leben?

5. Kann man das Sein durch Wissenschaft erklären oder ist es etwas Transzendentes?

6. Wie entsteht Bewusstsein und wie ist es mit dem Sein verbunden?

7. Kann man das Sein durch Meditation oder andere Praktiken erforschen?

8. Gibt es eine höhere Macht, die das Sein lenkt, oder ist es ein zufälliges Phänomen?

9. Wie unterscheidet sich das Sein in verschiedenen Kulturen und Religionen?

10. Kann man das Sein in gut oder schlecht einteilen? Warum oder warum nicht?

11. Wie hängen unsere Emotionen und unser Denken mit dem Sein zusammen?

12. Welche Rolle spielt das Bewusstsein bei unserer Wahrnehmung des Seins?

Es war einmal ein Mann namens Keiner, der sich sehr für das Konzept des Seins interessierte. Er war sich bewusst, dass alles, was um ihn herum existierte, miteinander verbunden und Teil eines größeren Ganzen war. Trotzdem fühlte er, dass er nicht alle Geheimnisse des Seins verstanden hatte.

Eines Nachts hatte er einen Traum, in dem er auf eine unvorhersehbare Reise durch seine Träume geschickt wurde. Der Traum führte ihn zu einem Ort, an dem er die Fähigkeit hatte, zu träumen, dass er träumt, luzid zu träumen – das heißt, er konnte innerhalb seines eigenen Traums bewusst handeln und träumen, dass er träume.

Keiner nutzte diese Fähigkeit, um die tiefsten Ebenen seines Seins zu erforschen. Er entdeckte, dass jedes Objekt, jede Person und jeder Gedanke, den er im Traum wahrnahm, ein Teil seiner eigenen Psyche war. Die Welt in seinen Träumen drückte seine eigenen Gedanken und Emotionen aus.

Während er weiter seine Träume erkundete, begann Keiner immer mehr Verbindungen zwischen den verschiedenen Elementen des Seins zu wahrzunehmen. Er erkannte, dass nichts isoliert ist, sondern dass alles gemeinsam ein Teil einer größeren Struktur bildet.

Keiner beschloss, diese neuen Erkenntnisse in sein tägliches Leben zu integrieren und machte sich auf den Weg, um andere über sein Sein aufzuklären. Er begann, mit anderen Menschen über ihre Träume zu sprechen und wie sie in ihnen das Konzept des Seins erfahren würden.

Im Laufe der Zeit wuchs eine Gemeinschaft von Gleichgesinnten und bald wurden sie als *Träumer des Sein* bekannt. Andere nannten sie einfach die Dudes aus der *Radical Dude Society*. Sie arbeiteten daran, das Bewusstsein für das Sein im Alltag der Menschen zu erhöhen und halfen anderen dabei, ihre Träume als Werkzeug zur Erforschung des Selbst und des Seins zu nutzen.

Die Nachricht von den Träumern des Seins verbreitete sich schnell und bald kamen Menschen aus der ganzen Welt, um zu lernen, wie sie ihre Träume nutzen könnten, um ihr Verständnis des Seins zu vertiefen. Keiner und seine Gefährten riefen das *metalabor* ins Leben und inspirierten viele Menschen, neue Wege zu finden, um sich mit dem Sein zu verbinden.

Auf dem Instagram-Profil für Das Sein taucht ein neuer
Post auf, der das Konzept des Rhizoms und der Chance
verbindet. Das Bild zeigt einen Baum im Herbst, dessen
Zweige in alle Richtungen ausgestreckt sind. Der Text
lautet:

«In der Welt des Seins gibt es keine geraden Linien oder
klare Verbindungen. Alles ist miteinander verwoben
und schlägt unvorhersehbare Wege ein – wie die
Zweige eines Baumes im Herbst.

Manchmal führen uns diese Wege zu unerwarteten
Orten. Aber wenn wir bereit sind, Chancen zu
ergreifen und neue Erfahrungen zu machen, kann das
Rhizom uns zu wunderbaren Abenteuern führen und
uns tiefer in das Geheimnis des Seins führen.»

Auf dem Instagram-Profil des Think Tanks *metalabor* erscheint ein neuer Post, der die Denkform des Rhizoms und das Konzept des Seins verbindet. Ein Bild eines Baumwollfeldes zieht die Aufmerksamkeit auf sich, während der Text darunter lautet:

«Das Rhizom ist eine Denkform, die darauf hinweist, dass alles miteinander verbunden ist und dass Verbindungen nicht hierarchisch, sondern eher wie Wurzeln oder Zweige wachsen – unvorhersehbar und in alle Richtungen.

Im *metalabor acht* wissen wir, dass diese Denkform uns hilft, das Wesen des Seins zu verstehen. Alles was existiert, ist auf eine bestimmte Weise miteinander verbunden und beeinflusst sich gegenseitig. Das Rhizom verkörpert diese Vorstellung und fordert uns auf, unsere Sichtweise auf das Sein zu erweitern.»

1. Alles ist miteinander verbunden: Das *metalabor* sieht alles als vernetzt und miteinander verbunden an.

2. Keine hierarchischen Strukturen: Das *metalabor* vermeidet hierarchische Strukturen, die zu Machtkonzentrationen führen können.

3. Dezentralisierte Macht: Es gibt keine zentralisierte Macht innerhalb des *metalabor*. Stattdessen werden Entscheidungen gemeinsam getroffen.

4. Fließende Grenzen: Das *metalabor* akzeptiert fließende Grenzen, die sich ständig verändern können.

5. Flexibilität: Das *metalabor* bietet Flexibilität und Anpassungsfähigkeit an eine sich verändernde Umgebung.

6. Verbindung von Unterschieden: Die Verbindung von Unterschieden wird innerhalb des *metalabor* geschätzt und gefördert.

7. Wachstum und Verzweigung: Das *metalabor* wächst und verzweigt sich wie ein Rhizom, der in jede Richtung wachsen kann.

8. Selbstorganisierend: Das *metalabor* organisiert sich selbst, ohne dass eine zentrale Autorität benötigt wird.

9. Pluralität und Heterogenität: Das *metalabor* fördert die Pluralität und Heterogenität in der Gesellschaft.

10. Unvorhersehbarkeit: Da das *metalabor* ein nicht-lineares System ist, ist es unvorhersehbar und kann in unerwartete Richtungen einschlagen.

1. Verbindung: Das Konzept des Seins zeigt, dass alles in der Welt miteinander verbunden ist, und betont die Bedeutung von Zusammenarbeit und Koexistenz.

2. Sinnhaftigkeit: Das Sein gibt unserem Leben einen Sinn und erinnert uns daran, dass wir Teil von etwas Größerem sind.

3. Akzeptanz: Durch das Verständnis des Seins können wir uns selbst und andere besser akzeptieren und schätzen.

4. Transzendenz: Das Sein eröffnet uns eine Möglichkeit zur Transzendenz über unsere materielle Existenz hinaus.

5. Selbstfindung: Das Konzept des Seins kann als Werkzeug zur Selbstfindung verwendet werden, um Entdeckungen über unsere wahre Natur zu machen.

6. Frieden: Das Bewusstsein über das Sein fördert Frieden und Harmonie durch die Erkenntnis, dass wir alle Teil desselben Universums sind.

7. Empathie: Unser Verständnis des Seins ermöglicht es uns auch, uns besser in andere hineinzuversetzen und Empathie für sie zu empfinden.

8. Gerechtigkeit: Das Konzept des Seins betont die Gleichheit aller Dinge, was es zu einer Basis für die Schaffung einer gerechten Gesellschaft macht.

9. Nachhaltigkeit: Die Erkenntnis über das Sein hilft uns auch dabei, unsere Ressourcen und unser Planeten auf nachhaltige Weise zu behandeln.

10. Spiritualität: Das Sein hat eine spirituelle Komponente, die uns helfen kann, tiefere Einsichten über unser Leben und unsere Welt zu gewinnen.

Das Konzept des Seins ist ein grundlegendes Konzept der Philosophie, das sich auf die Art und Weise bezieht, wie wir unsere Existenz in der Welt verstehen. Eine wichtige Frage innerhalb dieses Konzepts ist, wie es mit der Zeit verbunden ist. In diesem Artikel werden zwei unterschiedliche Zeitformen, nämlich lineare und zirkuläre Zeit, untersucht und wie sie mit dem Sein verbunden sind.

Lineare und zyklische Zeit

In vielen Kulturen wird die Zeit linear verstanden. Es gibt einen Anfang, einen Mittelpunkt und ein Ende. Der Beginn entspricht der Schöpfungsgeschichte oder einem bestimmten Ereignis, während der Mittelpunkt die Gegenwart darstellt und das Ende die Zukunft markiert. Die moderne westliche Gesellschaft betrachtet die Zeit als eine unerbittliche Linie, die von der Vergangenheit zur Gegenwart und zur Zukunft führt.

Im Gegensatz dazu sehen andere Kulturen die Zeit als zyklisch an. In diesen Kulturen gibt es keine klaren Grenzen zwischen Vergangenheit, Gegenwart und Zukunft. Stattdessen gibt es wiederkehrende Muster, Rhythmen und Zyklen. Die indigenen Völker Nordamerikas glauben zum Beispiel an eine zyklische Zeit, in der jedes Ereignis einem bestimmten Ort im Zyklus zugewiesen ist.

Das Sein in linearer Zeit

In einer linearen Zeit existiert das Sein nur in Bezug auf unsere Vergangenheit und Zukunft. Was wir in der Vergangenheit getan haben, beeinflusst unsere Gegenwart und was wir jetzt tun wird unsere Zukunft beeinflussen. Das Sein wird somit in Bezug auf eine vorwärts gerichtete Linie definiert. Das bedeutet, dass unser Leben seine eigene Entwicklung hat und dass dies durch bestimmte Meilensteine oder Wendepunkte wie Geburt, Kindheit, Jugend, Erwachsenenalter, Alter und Tod definiert ist.

In dieser Vorstellung von linearer Zeit ist das Sein jedoch begrenzt, da es nur in Bezug auf unseren individuellen Lebenslauf wahrgenommen wird. Dies bedeutet auch, dass wir oft das Gefühl haben, dass wir uns auf eine unweigerlich determinierte Zukunft zubewegen. Wenn wir uns aber bewusst darüber werden, dass das Sein dynamisch ist und dass unser Handeln in der Gegenwart unsere Zukunft beeinflussen kann, können wir letztendlich unser eigenes Schicksal gestalten.

Das Sein in zyklischer Zeit

In einer zyklischen Zeit existiert das Sein nicht nur in Bezug auf die Vergangenheit und Zukunft, sondern auch im gegenwärtigen Moment. Alles ist miteinander verbunden und bildet ein gemeinsames Netzwerk von Ereignissen und Prozessen. Die Gegenwart repräsentiert daher keinen bestimmten Punkt auf einer

Zeitskala, sondern bildet vielmehr einen Teil eines Kreislaufs ab.

In dieser Sichtweise ist das Sein unbegrenzt und unendlich. Jeder Augenblick unserer Existenz befindet sich im Einklang mit den Naturgesetzen. Das heißt also, dass alles «richtig» zu sein scheint – selbst wenn manche Ereignisse schmerzhaft oder schwierig sind. Eine solche Zeitanschauung bietet uns die Chance auf Wiedergeburt oder Wiederauferstehung – etwas, das in vielen traditionellen Kulturen ein zentrales Element ist.

Wie das Sein in beiden Zeitformen versteckt wird

In beiden Vorstellungen des Seins – sowohl in der linearen als auch in der zyklischen Zeit – befindet sich das Sein oft unterhalb der Oberfläche. Wir müssen uns auf unsere eigene innere Stimme verlassen und neue Perspektiven eröffnen, um es erkennen zu können.

In linearen Zeiten besteht die Möglichkeit, dass wir geradezu gefangen sind in unseren Sorgen über die unerbittliche Zukunft. In zyklischer Zeit hingegen besteht die Gefahr, dass wir so sehr damit beschäftigt sind, uns in Zyklen und Rhythmen zu bewegen, dass wir den momentanen Augenblick ignorieren.

Im Wirrwarr der Wurzeln und Zweige,
durch das Endlose, Allumfassende,
weben wir unsere Geschichten und Träume,
verbinden uns mit allem, was ist.

Denn in diesem Gewirr aus Leben,
ist jeder Moment ein neuer Anfang,
ein unendlicher Fluss aus Kreativität,
der unser Sein nährt und belebt.

Die Vergangenheit und Zukunft sind eins,
in dieser zyklischen, ewigen Zeit.
Ein ständiger Wandel in alle Richtungen,
neue Verbindungen werden geknüpft.

Wir werfen uns hinein in das unbekannte Meer,
der Gedanken und Gefühle, die uns antreiben,
auf der Suche nach neuen Wegen und Möglichkeiten,
neue Verbindungen, die das Netzwerk erweitern.

Für jedes Problem finden wir eine Lösung,
für jede Herausforderung einen Ausweg,
wir fließen durch Raum und Zeit,
im Strom des Lebens, das uns umgibt.

Und so erschaffen wir etwas Neues,
etwas Einzigartiges, das noch nie dagewesen ist,
eine offene Zukunft, voller Hoffnung und Träume,
die uns weiterhin inspirieren wird.

In diesem kosmischen Netzwerk des Seins,
sind wir alle miteinander verbunden,
unser Schicksal ist verwoben mit dem der anderen,
unsere Wege sind verwoben mit denen anderer.

So laufen wir zusammen in eine neue Zukunft,
von der Vision getragen, dass jeder Mensch zählt,
jeder Mensch eine Rolle in ihrem Werden spielt,
jeder Mensch ein Teil des Ganzen bildet.

53

Als Ich in den späten 50er Jahren durch Europa reiste, litt er unter einem schweren Seinsverlust. In dieser Zeit lebte Ich in einem kleinen Dorf in Spanien und verbrachte einen Großteil seiner Tage in einer örtlichen Bar.

Eines Tages war Ich besonders trunken und stolperte auf dem Heimweg durch die dunklen Straßen. Plötzlich tauchte ein Kaninchen aus dem Dunkel auf und hoppelte vor ihm her. Aus einem Impuls heraus griff Ich das Kaninchen und riss ihm beide Augen raus.

Das Dorf Espenschied war bis vor kurzem ein friedlicher Ort, der für seine malerischen Gassen und pittoresken Fachwerkhäuser bekannt war. Doch in den letzten Wochen hat eine neue Bedrohung das Dorf zum Schauplatz gemacht: die brutale Auseinandersetzung zwischen rivalisierenden Foodtruck-Banden.

Der Konflikt eskaliert, seitdem sich immer mehr Trucks in dem Dorf niedergelassen haben und versuchen, um die besten Stellplätze zu kämpfen. Die Stimmung zwischen den rivalisierenden Banden war schon immer angespannt, aber in letzter Zeit hat sich der Dorfplatz von Espenschied in eine Kriegszone verwandelt.

Die beiden größten Gangs, die *Kolonne Durruti* und die *Fascisti Rotolanti*, kämpfen um die Vorherrschaft auf dem Markt für mobile Gastronomie und sind bereit, alle Mittel einzusetzen, um ihre Konkurrenten auszuschalten. Der Kampf ist rücksichtslos und blutig, mit Attentaten auf Rivalen und der Zerstörung von Eigentum.

Wir haben uns mit einem Augenzeugen getroffen, der anonym bleiben möchte, da er Angst vor möglichen Repressalien hat. Er erzählte uns von einem Vorfall, bei dem die Kolonne Durruti einen Angriff auf einen Konvoi der Fascisti Rotolanti starteten, als diese gerade eine Lieferung in dem Dorf durchführte.

«Es war wie in einem Actionfilm», erzählte er. «Überall flogen Kartoffelschnitze und Ketchup-Flaschen herum, während die beiden Gruppen sich gegenseitig angriffen und versuchten, die Kontrolle über den Platz zu gewinnen.»

Die Polizei von Espenschied kämpft ebenfalls gegen diese unerbittlichen Nahrungsmittel-Krieger an. Sie verhafteten bereits mehrere Mitglieder beider Gruppierungen, aber dies scheint sie nicht davon abzuhalten, weiterhin ihre Vormachtstellungen auszufechten.

Ein Sprecher der örtlichen Polizei sagte: «Wir tun unser Bestes, um die Sicherheit der Bürger zu gewährleisten, aber die Straßenkämpfe zwischen diesen beiden Gruppen eskalieren schnell und wir können nur hoffen, dass sich dieser Konflikt bald auflösen wird.»

Währenddessen haben viele Einwohner von Espenschied Angst vor dieser neuen Bedrohung in ihrer Gemeinde. Einige sagen sogar, dass sie sich nicht mehr wohl fühlen, wenn sie das Haus verlassen.

«Ich traue mich kaum noch auf die Straße», sagte ein älterer Mann, der seit Jahrzehnten in dem Dorf lebt. «Es ist beängstigend zu sehen, wie diese jungen Leute so hartnäckig um Essen kämpfen. Es ist einfach nur verrückt.»

So bleibt abzuwarten, wie lange dieser Konflikt noch andauern wird und welche Auswirkungen er auf Espenschied haben wird. Eines ist jedoch sicher: Die Nahrungsmittelkriege sind hier, um zu bleiben.

In der Menschheitsgeschichte standen Güter und
Handel schon immer im Mittelpunkt. Egal in welcher
Gesellschaft oder Kultur, die Menschen haben sich stets
bemüht, Objekte und Rohstoffe zu erwerben und mit
anderen Menschen auszutauschen. Doch wie verhält
sich das Konzept des Seins zu diesen materiellen
Dingen?

Der Buddha sprach von der Unbeständigkeit des Seins und ermutigte seine Schüler dazu, Achtsamkeit zu üben, um die Natur des Seins zu verstehen.

Sascha Büttner, ein bekannter Künstler, hat in seinen Arbeiten den Begriff des Seins auf eine eigene Weise interpretiert. Seine Arbeit besteht aus Abbildern von Menschen, Häusern und Landschaften in verschiedenen Situationen.

Für Sascha Büttner ist das Sein eng verbunden mit dem menschlichen Ausdruck und seinen Handlungen. In seiner Kunst zeigt er das Sein durch die Darstellung von realistischen Situationen und Momentaufnahmen des Lebens der Menschen. Dabei geht es ihm darum, die Essenz und Bedeutung menschlicher Existenz zu erfassen und wiederzugeben.

In Büttner's Werken sind die Menschen nicht einfach nur passive Betrachter oder Objekte, sondern sie sind aktiv in ihrer Umgebung tätig. Diese Aktivitäten können sehr unterschiedlich sein: Einzelne Personen sind z.B. mit Hausarbeiten beschäftigt, Fahrrad fahrend, im Café sitzend oder bei einem Konzert.

Durch sein künstlerisches Werk schafft Büttner eine Verbindung zwischen dem Sein und der Umgebung. Oft stellt er seine Objekte vor markanten Gebäuden dar oder zeigt sie in einer Landschaft, die typisch für die Region ist. Dadurch wird deutlich, dass Büttner das Sein als etwas sieht, das untrennbar mit der Umwelt verbunden ist.

Ein weiteres interessantes Merkmal von Bütner's Kunst ist die Art und Weise, wie er das Sein zeigt. Im Gegensatz zu vielen anderen Künstlern verwendet er keine übertriebene stilistische Darstellung oder schockierende Inhalte. Stattdessen reicht es ihm aus, das Wesentliche und den Charakter seiner Objekte einzufangen. Dadurch schafft er es, dass sie lebendig werden und den Betrachter in ihren Bann ziehen.

Man könnte argumentieren, dass die Art und Weise, wie Büttner das Sein darstellt, eine Art sozialkritische Haltung an den Tag legt. Indem er die Menschen in ihrem Alltag zeigt und sie dadurch als gleichwertige Individuen respektiert, setzt er sich implizit gegen Diskriminierung und Vorurteile ein.

Eine Möglichkeit, die positiven Auswirkungen der Übung «Stehen wie ein Baum» auf das Sein zu verstehen, ist über die Vorstellungskraft zu gehen. Die Vorstellungskraft kann als eine Art Brücke zwischen unserem Bewusstsein und dem Körper betrachtet werden. Wenn wir uns vorstellen, dass wir wie ein Baum stehen, stellen wir uns eine Symbiose zwischen Mensch und Natur vor. Wir können uns vorstellen, dass wir unsere Wurzeln tief in den Boden sprießen lassen und dabei Energie aus der Erde aufnehmen. Wir können uns auch vorstellen, dass wir im Wind schwanken und uns den Elementen anpassen. In diesem Sinne kann Stehen wie ein Baum das Sein verändern, indem es uns hilft, unser Bewusstsein mit unserem Körper zu verbinden und unsere Verbindung zur Natur zu stärken.

Ein weiteres Argument für die positive Wirkung dieser Übung könnte auf der Idee basieren, dass der menschliche Körper eine Art Antenne ist, die Energien aus der Umgebung aufnimmt. Wenn wir in einer bestimmten Position stehen, können wir uns wie eine Antenne ausrichten, um mehr Energie aufzunehmen. Durch die Konzentration auf die Atmung und die Gewahrwerdung des eigenen Körpers können wir uns bewusst machen, wie wir die Energie aufnehmen und lenken können. In diesem Sinne kann Stehen wie ein Baum das Sein verändern, indem es uns eine neue Art gibt, unsere Umgebung wahrzunehmen und unsere Verbindung zur Welt zu vertiefen.

Ein wenig beachteter Ansatz besteht darin, Zhan Zhuang, wie die Übung Stehen wie ein Baum im chinesischen genannt wird, als eine Art Kampf gegen die Schwerkraft zu verstehen. Der menschliche Körper wird ständig von der Schwerkraft beeinflusst und muss sich widerständig zeigen. Indem man sich selbst in einer festen Position hält, kann man sich den Kräften des Universums entgegenstellen. Durch das Halten dieser Position wird unser Bewusstsein geschult und wir lernen, unseren eigenen Willen durchzusetzen. In diesem Sinne kann Stehen wie ein Baum das Sein verändern, indem es uns hilft, unsere Willenskraft zu stärken und unser Selbstbewusstsein zu verbessern.

Heute habe ich mich mit dem Konzept des Rhizoms auseinandergesetzt.

Das Konzept des Rhizoms hat mich fasziniert, da es viele Aspekte unseres Lebens und unserer Umwelt einschließt. In der Natur finden wir viele Beispiele für Rhizome, wie zum Beispiel bei Pilzen oder Pflanzen. Auch in unserem sozialen Leben können wir Rhizome entdecken, etwa wenn wir unsere Beziehungen betrachten oder uns mit der Entstehung von Ideen und Kulturen befassen.

Für mich stellt das Rhizom die Möglichkeit dar, neue Verbindungen und Beziehungen in meinem Leben herzustellen. Die Idee der nicht-linearen Struktur ermöglicht es mir, meine Gedanken und Handlungen in einem breiteren Kontext zu betrachten und alternative Perspektiven zu entwickeln. Die Entdeckung neuer Wege im Rhizom kann auch dazu beitragen, die Komplexität meiner Welt besser zu verstehen und ein tieferes Bewusstsein des Seins zu entwickeln.

Ich werde in Zukunft versuchen, das Rhizom-Konzept in meine Denkweise und mein tägliches Leben einzubeziehen. Ich bin gespannt darauf, welche neuen Möglichkeiten sich dadurch eröffnen werden und wie meine Wahrnehmung des Seins sich verändern wird.

In der heutigen Gesellschaft erleben wir eine immer stärkere Verschiebung von strukturierten, hierarchischen Systemen hin zu dezentralen, nicht-linearen Netzwerken. Das Konzept des Rhizoms, entwickelt von Gilles Deleuze und Félix Guattari, beschreibt genau dieses Phänomen und zeigt auf, wie Organismen und Systeme wachsen und sich ausbreiten.

In diesem Kontext wird deutlich, dass auch die Kartografie im Zeitalter des Dérive von dieser Entwicklung betroffen ist. Dérive, auch bekannt als «Umherschweifen» oder «Drift», bezieht sich auf das Flanieren oder Wandern ohne vorher festgelegten Plan oder Ziel. Diese Praxis eröffnet neue Möglichkeiten der Wahrnehmung der Umgebung und kann als ein Mittel zur Entdeckung neuer Orte und sozialer und räumlicher Zusammenhänge genutzt werden.

Das Rhizom fungiert dabei als wichtiges Konzept für die Erstellung von Karten im Zeitalter des Dérive. Da es keine unveränderlichen Strukturen gibt, sondern alles miteinander verbunden und in Bewegung ist, müssen Karten flexibel und anpassungsfähig sein. Karten sollten nicht nur geografische Informationen darstellen, sondern auch soziale, kulturelle und politische Zusammenhänge berücksichtigen.

Die Kartierung des Rhizoms kann helfen, die Beziehungen zwischen verschiedenen Orten und Menschen besser zu verstehen. Indem wir die Verbindungen zwischen verschiedenen Punkten auf einer Karte darstellen, können wir mögliche Wege entdecken und neue Verbindungen knüpfen. Dies ermöglicht uns eine tiefere Wahrnehmung unserer Umwelt und eine größere Offenheit für alternative Perspektiven.

Es war ein gelöster, entspannender Abend in der Bar mit Freunden, als wir uns plötzlich in einen Streit verwickelt sahen. Es begann damit, dass einer meiner Freunde die Frage stellte: «Was ist eigentlich Realität?». Ein anderer Freund antwortete daraufhin, dass Realität das sei, was man mit seinen eigenen Augen sehen und berühren kann. Doch dann entgegnete ein dritter Freund, dass unsere Wahrnehmung der Welt sehr begrenzt wäre und dass es noch so viele Dinge gäbe, die wir nicht sehen oder wahrnehmen können.

Die Diskussion weitete sich schnell aus und bald ging es um Fragen wie Bewusstsein, Zeit und Sein. Ein Freund argumentierte, dass Bewusstsein einfach eine Folge neuronaler Aktivität im Gehirn sei und dass es keine tiefere Bedeutung oder Existenz hätte. Ein anderer Freund widersprach jedoch und behauptete, dass Bewusstsein etwas viel Größeres sei und dass es das Potenzial habe, die Realität selbst zu beeinflussen.

Währenddessen wurde die Diskussion immer hitziger und einige Freunde begannen, immer lauter zu werden und den anderen ins Wort zu fallen. Schließlich lieferten sich zwei der Diskutanten einen heftigen Wortwechsel, der schließlich in eine handgreifliche Auseinandersetzung eskalierte. Plötzlich flogen Stühle durch die Luft und die anderen Gäste drängten panisch nach draußen.

Der Wurf eines Stuhles in eine Bar kann das Sein der
Gäste drastisch verändern.

In diesem Szenario wird angenommen, dass ein Gast
den Stuhl wirft und die Situation sehr schnell eskaliert.
Die Gäste sind jetzt plötzlich mit einer emotional
aufgeladenen und chaotischen Situation konfrontiert,
die sie so nicht erwartet hatten.

Die meisten Gäste werden höchstwahrscheinlich von
einem Anstieg des Adrenalinspiegels betroffen sein,
was zu einer erhöhten Herzfrequenz und einer
plötzlichen Freisetzung von Energie führt. Einige Gäste
werden möglicherweise Schmerzen oder Verletzungen
erleiden, falls sie vom herumfliegenden Stuhl getroffen
werden.

Die Gäste, die sich in unmittelbarer Nähe des Werfers
befinden, werden besonders betroffen sein. Sie können
Angstgefühle und Misstrauen gegenüber dem Werfer
entwickeln, weil dieser als Bedrohung empfunden wird.
Es gibt jedoch auch Menschen, die sich von der
Situation unberührt fühlen und nicht viel mehr tun, als
sich abzuwenden und das Geschehen ignorieren.

Ein Gast wie Sascha Büttner könnte in dieser Situation
möglicherweise unberührt bleiben. Dies könnte daran
liegen, dass Büttner durch seine künstlerische Tätigkeit
gelernt hat, auch in herausfordernden Situationen
ruhig zu bleiben und sich auf seine innere Kraft zu
konzentrieren. Vielleicht ist er auch einfach in der
Lage, die Situation rational und nüchtern zu betrachten
und sich nicht von seinen Emotionen überwältigen zu
lassen.

Es ist jedoch auch möglich, dass Büttner über seine Kunst und seine Beziehung zur Welt transzendiert ist und daher in der Lage ist, die Situation aus einer Perspektive der Ruhe und Gelassenheit heraus zu betrachten. Durch Meditation und andere Techniken könnte Büttner gelernt haben, das Sein jenseits des Körpers und der materiellen Welt zu erkunden und somit eine tiefere Verbindung mit dem Universum zu schaffen.

Unabhängig davon, wie die Gäste auf den Vorfall reagieren, wird die Situation nachhaltige Auswirkungen auf ihr Sein haben. Für einige könnte es zu einem Trauma führen oder ihre Wahrnehmung der Welt beeinflussen. Andere könnten durch den Vorfall gestärkt werden und eine neue Art von (innerer) Kraft finden.

Es besteht kein Zweifel daran, dass die sozialen Medien eine immense Auswirkung auf unser tägliches Leben haben. Eine der beliebtesten Plattformen für Social-Media-Influencer ist Instagram. Diese Influencer nutzen ihre hohe Reichweite, um Produkte und Dienstleistungen zu bewerben und ihr Publikum für sich zu gewinnen. Doch es gibt auch eine dunkle Seite dieser Präsenz.

In dieser Arbeit soll untersucht werden, wie Instagram-Influencer das Sein so manipulieren können, dass der 3. Weltkrieg droht. Es wird argumentiert, dass die Manipulation von Informationen und Meinungen durch diese Influencer dazu führen kann, dass die Gesellschaft auseinanderbricht und Konflikte entstehen.

Eine Möglichkeit, dies zu erreichen, besteht darin, dass Influencer ihre Reichweite nutzen, um gezielt Falschinformationen oder politisch einseitige Ansichten zu verbreiten. Das kann dazu führen, dass Menschen unterschiedlicher Meinung aufeinanderprallen und die Spannungen in der Gesellschaft zunehmen.

Es ist verständlich, dass Sie keine weiteren Details geben möchten. Dennoch möchte ich darauf hinweisen, dass diese These äußerst kontrovers und spekulativ ist. Es gibt keine beweisbaren Fakten oder Zusammenhänge, die auf eine Verbindung zwischen Instagram-Influencern und einer Bedrohung des Weltfriedens hinweisen würden.

Es war das Jahr 2060 und die Welt hatte sich
dramatisch verändert. Die Technologie hatte das Leben
der Menschen revolutioniert und Social Media-
Plattformen waren ein fester Bestandteil des täglichen
Lebens geworden. Instagram war eine der größten
Plattformen, auf der Influencer eine unglaubliche
Macht über die Meinungen und Entscheidungen der
Menschen hatten.

Die meisten Menschen, einschließlich der Regierungen,
hatten keine Ahnung, wie tief die Influencer in die
Köpfe der Menschen eingedrungen waren und wie sie
ihre Handlungen und Entscheidungen manipulierten.
Sie nutzten subtile psychologische Tricks und
Algorithmen, um gezielt bestimmte Trends auf
Instagram zu setzen, bestimmte Produkte zu bewerben
oder sogar bestimmte politische Ansichten zu fördern.

Eines Tages kam es jedoch zu einer unerwarteten
Wendung. Einflussreiche Influencer beschlossen, dass
es nicht genug wäre, nur das Verhalten der Menschen
zu manipulieren. Sie begannen, gezielt falsche
Informationen über andere Länder und Nationen zu
verbreiten, um Hass und Feindseligkeiten zwischen
verschiedenen Ländern zu schüren.

Es begann mit kleinen Dingen, wie dem Teilen von
Memes oder Bildern, die andere Nationen
diffamierten. Aber bald darauf wurden falsche
Informationen über politische Entscheidungen
verbreitet, die die Beziehungen zwischen Ländern
verschlechterten. Es gab sogar Fälle von Influencern,
die bewusst gefälschte Bilder und Videos teilten, um

eine Atmosphäre des Misstrauens und der Feindseligkeit unter den Menschen zu schaffen.

Diese Manipulationen erreichten schließlich ihren Höhepunkt, als es zu einem Vorfall in einem der größten Länder der Welt kam. Eine Gruppe von Menschen wurde aufgehetzt und manipuliert, um in einem ansonsten friedlichen Land einen Putschversuch zu starten. Der Konflikt eskalierte schnell und zog auch andere Länder in den Konflikt hinein.

Der Krieg breitete sich aus und wurde schließlich zu einem Weltkrieg. Die Auswirkungen waren katastrophal, und viele Länder litten unter Zerstörung und Verlusten.

Vor langer Zeit, bevor die Menschen in Städten lebten
und die Welt von Technologie überflutet wurde, gab es
die Bärenmenschen. Sie waren friedliche Zeitgenossen,
die tief im Wald lebten und eng mit der Natur
verbunden waren. Die Bärenmenschen hatten eine
einzigartige Gabe, die sie den Menschen schenkten: das
Sein.

Die Bärenmenschen erkannten, dass die Menschen sich
oft von ihrem Leben entfremdet fühlten und einen Sinn
für ihr Sein suchten. So beschlossen sie, den Menschen
ihre Gabe zu schenken. Die Bärenmenschen lehrten die
Menschen, wie man im Einklang mit der Natur lebte
und wie man seinen Platz im Universum finden konnte.

In kürzester Zeit merkten die Menschen, welche
unglaubliche Gabe ihnen geschenkt worden war. Sie
lernten, dass ihr Sein untrennbar mit dem Rest der
Welt verbunden war und dass jeder Mensch eine
wichtige Rolle im Ganzen spielte.

Die Bärenmenschen wurden spirituellen Mentoren für
die Menschen und halfen ihnen dabei, sich mit ihrer
inneren Natur zu verbinden. Sie lehrten sie, wie man
sich auf das Wesentliche konzentrierte und wie man
harmonisch mit seinen Mitmenschen und der Natur
zusammenlebte.

Doch bald mussten die Bärenmenschen erkennen, dass
nicht alle Menschen ihre Gabe zu schätzen wussten.
Einige waren hungrig nach Macht und Reichtum und
nutzen die Lehren der Bärenmenschen für ihre eigenen
Zwecke. Sie fingen an, die Natur auszubeuten und
andere Menschen zu unterdrücken.

Die Bärenmenschen sahen dies mit Entsetzen und Traurigkeit und beschlossen schließlich, sich zurückzuziehen. Sie überließen den Menschen ihre Gabe des Seins, in der Hoffnung, dass sie eines Tages wieder in Harmonie mit der Natur leben würden.

Und so lebt dieser Geist der Bärenmenschen auch heute noch in unserem Bewusstsein weiter. Wir können ihn spüren, wenn wir uns der Natürlichkeit und Schönheit der Welt um uns herum bewusst werden.

Es war einmal ein Kaninchen namens Benny Bunny, das in einem Wald lebte. Eines Tages stieß er auf eine Gruppe von Tieren, die meditierten und in einer tiefen Kontemplation versunken waren. Fasziniert von dem, was er sah, beschloss Benny Bunny, sich der Meditation anzuschließen.

Tag für Tag praktizierte Benny Bunny die Kunst der Meditation. Er konzentrierte sich auf seinen Atem und ließ seine Gedanken ruhen. Schließlich erreichte er einen Zustand des höheren Seins – ein Zustand jenseits des Körpers und des Verstandes.

Einmal im höheren Sein, fühlte sich Benny Bunny befreit und erleichtert zugleich. Er erkannte, dass es in diesem Zustand keine Grenzen gab – weder körperliche noch geistige.

Eines Tages entschied Benny Bunny, dass es an der Zeit war, in das normale Leben zurückzukehren. Er kam aus seiner tiefen Kontemplation zurück und fand sich in der Welt wieder. «Oh je! Oh je! Ich werde zu spät kommen!» rief er und verschwand.

Es gab einmal einen Mensch namens Keiner, der ein
leidenschaftlicher Maler und Fotograf war. Er war
besessen davon, sich selbst zu portraitieren und erschuf
dabei Kunstwerke, die das Wesen seiner Seele einfangen
sollten.

Doch je mehr Selfies er produzierte, desto
merkwürdiger wurde sein Sein. Mit jedem neuen
Selbstportrait fühlte er sich, als würde ein Stück seiner
Persönlichkeit verloren gehen. Bis schließlich das letzte
Selfie alles veränderte – als er den Auslöser betätigte,
verschwand er jäh aus dieser Welt und wurde in einer
anderen Realität wiedergeboren.

In dieser anderen Realität tauchte Keiner im Film
«Einer flog übers Kuckucksnest» auf, zunächst nur in
einer kleine Nebenrolle. Doch seine Präsenz sorgte
dafür, dass jeder in seiner Umgebung sich anders
verhielt. Dank seiner Fähigkeit, sich frei zwischen den
Realitäten zu bewegen, veränderte er die Ereignisse des
Films auf subtile Weise und machte aus einem
klassischen Drama ein sublimes Meisterwerk der
Existenzphilosophie.

Die Idee, dass alle Philosophie rhizomatisch zusammenhängt, basiert auf der Vorstellung, dass philosophische Konzepte und Theorien nicht isoliert betrachtet werden können. Vielmehr sind sie Teil eines größeren Netzwerks von Ideen, die sich gegenseitig beeinflussen und miteinander verknüpft sind.

Eines Tages erwachte ich merkwürdige Weise in einer
mir unbekannten Umgebung auf – in Roland Barthes'
«Helle Kammer».

Umgeben von unzähligen Büchern und Fragmenten
seiner Gedanken, fand ich mich langsam zurecht. Ich,
stellvertretend für den Autor, spürte die Verbindung
zwischen Licht und Schatten, Vergangenheit und
Gegenwart, und wie sie sich in der Fotografie
manifestierten.

Während ich in dieser seltsamen, gedanklichen Welt
verweilte, begann ich, alles um mich herum genau zu
beobachten und darüber nachzudenken. Ich stellte
Fragen über die Natur der Fotografie und wie sie
unsere Wahrnehmung der Realität beeinflusst.

«Laubsätzertage» ist ein außergewöhnliches Fotobuch, das eine einzigartige visuelle Erzählung des Seins präsentiert. Die Fotografien in diesem Buch sind nicht nur künstlerische Darstellungen der Welt um uns herum, sondern fungieren auch als Erinnerungen und Spiegelbilder unserer eigenen Existenz.

Wenn man die Fotografien in der richtigen Reihenfolge betrachtet, beginnt sich eine Geschichte des menschlichen Seins zu entfalten. Die Bilder führen den Betrachter auf eine Reise durch verschiedene Aspekte unserer Erfahrungen – von der Verbindung zur Natur über menschliche Beziehungen bis hin zu tiefen Reflexionen über Zeit und Vergänglichkeit.

Jede Fotografie offenbart dabei einen weiteren Aspekt unseres Daseins, und zusammen ergeben sie eine komplexe und faszinierende Erzählung des Lebens. In dieser Visualisierung des Seins erkennen wir schließlich die universellen Themen, die uns alle verbinden, und werden dazu inspiriert, unsere eigene Rolle in dieser Welt zu hinterfragen und zu erforschen.

Es war einmal ein Junge namens Irgendwer, der fest
davon überzeugt war, dass er sein Sein verlieren würde,
wenn er lange Hosen trug. Er hatte eine tiefe
Verbindung zu seinen kurzen Hosen und empfand sie
als Teil seiner Identität.

Die Leute in seiner Heimatstadt hielten ihn für seltsam
und merkwürdig, aber Irgendwer kümmerte sich nicht
darum. Für ihn war es wichtiger, seine Identität zu
bewahren, als den Erwartungen anderer zu
entsprechen.

Eines Tages wurde Irgendwer von einem Unwetter
überrascht und konnte keine kurzen Hosen tragen.
Während des furchtbaren Sturms wurden alle seine
Shorts weggeweht. Irgendwer war gezwungen, eine
lange Hose zu tragen, um sich vor dem Wetter zu
schützen.

Obwohl er anfangs ängstlich war, entdeckte Irgendwer
bald, dass er immer noch derselbe Mensch war – mit
und ohne kurze Hosen.

Das Wohltemperierte Klavier, eine Sammlung von
Klavierpräludien und Fugen von Johann Sebastian
Bach, kann als Beispiel einer rhizomatischen Denkfigur
betrachtet werden.

Das Werk besteht aus 24 Präludien und Fugen in allen
Dur- und Moll-Tonarten, was bedeutet, dass es eine
Vielzahl von Verbindungen zwischen den verschiedenen
Stücken gibt. Jedes Präludium und jede Fuge steht für
sich allein, aber sie sind auch Teil eines größeren
Ganzen.

Diese Struktur ähnelt der Art und Weise, wie die
Philosophie rhizomatisch verbunden ist. Verschiedene
Konzepte und Theorien können in vielen
unterschiedlichen Zusammenhängen betrachtet werden
und haben oft Verbindungspunkte miteinander.
Ähnlich wie im Wohltemperierten Klavier entsteht ein
größeres Gefüge, das dynamisch ist und sich ständig
verändernd.

Es ist eine ephemere Erfahrung, sich in der Apokalypse zu befinden. Ein Gefühl der Unsicherheit und Angst durchdringt jeden Aspekt des Seins.

Es war einmal ein Mensch namens Derda, der auf eine ganz besondere Weise existierte: ausschließlich durch Fotografien. Derda wurde nie physisch geboren, und dennoch war er in der Realität präsent, dank einer Sammlung von Fotografien, die über die Jahre hinweg erschienen.

Die ersten Fotos von Derda tauchten in den frühen 1900er Jahren auf, als die Fotografie noch in den Kinderschuhen steckte. Die Leute waren fasziniert von diesen Bildern, die einen freundlichen, mittelgroßen Menschen mit einem breiten Lächeln und glänzenden Augen zeigten. Über die Jahre hinweg wurden immer mehr Aufnahmen von Derda entdeckt – bei Familienfesten, öffentlichen Veranstaltungen und sogar inmitten intimer Porträts.

Diejenigen, die die Bilder sahen, waren gleichermaßen beeindruckt und verwirrt. Wie konnte es sein, dass dieser Mensch nur durch Fotografien existierte?

Während die Menschen fasziniert und verwirrt durch Fotografien von Derda waren, begannen sie, die Orientierungslosigkeit ihres Seins in Frage zu stellen. Die Existenz von Derda ausschließlich durch Fotos zwang die Menschen, ihre eigenen Vorstellungen von Realität, Identität und Dasein zu überdenken.

Die Philosophen dieser Zeit griffen diese Fragen auf und begannen, über die Grenzen der menschlichen Wahrnehmung zu diskutieren. Sie hinterfragten, ob das, was wir für real halten, tatsächlich nur eine Illusion oder eine Konstruktion unseres Verstandes ist. Gibt es so etwas wie eine «wahre» Realität?

Derda's ungewöhnliche Existenz führte zu intensiven Debatten und philosophischen Diskursen über die Natur der Realität und das, was es bedeutet, ein bewusstes Wesen zu sein. Die Menschen mussten sich mit dem Unbehagen auseinandersetzen, das sich aus der Unsicherheit über ihre eigene Existenz ergab.

In der Welt von Seinsgrund waren die Menschen die einzigen Lebewesen, die in diesem mysteriösen Ort existierten. Umgeben von einer faszinierenden und zugleich unheimlichen Landschaft, schienen sie voneinander und von den außergewöhnlichen Zusammenhängen dieses Ortes abhängig zu sein.

Die Menschen von Seinsgrund versuchten, das Leben und ihre Existenz in dieser einzigartigen Realität zu begreifen und anzupassen. Sie studierten ihre Umgebung, entwickelten Technologien und Kulturen und schufen Gesellschaften, um sich gegenseitig zu unterstützen.

Durch ihren Einfallsreichtum und Zusammenhalt konnten sie in Seinsgrund gedeihen, obwohl sie von der restlichen Welt isoliert waren. Trotzdem spürten sie eine ständige Unruhe, eine tiefe Sehnsucht nach einem tieferen Verständnis ihrer Existenz und ihrer Position im Universum.

Da es in Seinsgrund keine anderen Lebewesen gab, stellten sie philosophische Fragen über die Bedeutung und den Zweck ihres Daseins, was ihre Existenz noch rätselhafter machte.

In der Welt von Seinsgrund gibt es einen alten Mythos über die Entstehung des Lebens und des Seins. Er erzählt die Geschichte der Ziege – der Urmutter allen Seins – die die Schöpferin und Beschützerin ihrer Kinder war.

Nach dieser Legende begann alles, als am Anfang der Zeit eine mächtige und weise Ziege in der Leere des Universums erschien. Sie trug in sich das lebendige Licht des Seins, das sie in Form ihres Atems auf die kahle und leblose Welt hauchte. Wo immer ihr Atem die Erde berührte, entstand Leben.

Die ersten Schöpfungen der Urmutter-Ziege waren Pflanzen, denen sie Fruchtbarkeit und Wachstum schenkte. Danach erschuf sie verschiedenste Tiere, die die Erde bevölkerten und durch ihre große Vielfalt für ein Gleichgewicht sorgten.

Schließlich entschied die Urmutter-Ziege, das intelligenteste ihrer Geschöpfe zu erschaffen – den Menschen. Aus ihrer eigenen Essenz und ihrer unendlichen Weisheit formte sie den Menschen und gab ihm den Funken ihres eigenen göttlichen Lichts.

Mit der Erschaffung der Menschheit war die Schöpfung von Seinsgrund komplett. Die Urmutter-Ziege wachte über ihre Kinder und schützte sie vor Unheil, während sie ihnen die Freiheit gab, die Welt zu erkunden und sich in ihrem unermesslichen Reichtum fortzuentwickeln.

Als Dank für ihre Schöpfung und ihre Fürsorge verehrten die Menschen in Seinsgrund die Ziege als ihre Urmutter und erbaten ihren Segen. Sie feierten

Rituale und Feste, die die enge Verbindung zwischen ihnen und der Urmutter-Ziege bekräftigen sollten.

Bis heute bleibt die Legende der Ziege als Urmutter in der Welt von Seinsgrund lebendig und wird von Generation zu Generation weiter getragen. Die Menschen sehen in der Ziege ein Symbol für Leben, Fruchtbarkeit und Weisheit und betrachten sie als ihren ewigen Beschützer.

Einst, als die Welt von Seinsgrund eine florierende Wirtschaft hatte, kam es zu einem bedeutenden Disput zwischen zwei weisen Wesen – der Ziege, der Urmutter allen Seins, und einer alten Schildkröte, die behauptete, die Welt auf ihren Schultern zu tragen.

Die Ziege, die das Leben auf die Erde gebracht hatte, glaubte, dass die Welt auf ihren kräftigen Hörnern ruhte, während die Schildkröte, als Bewahrerin der Weisheit und Gelassenheit, darauf bestand, dass es ihre mächtigen Schultern waren, die das Gewicht der Schöpfung trugen.

Der Streit entfachte eine hitzige Debatte unter den Menschen von Seinsgrund, die in ihrer Verbundenheit mit diesen heiligen Wesen nach Antworten suchten. Schließlich beschlossen sie, eine weise Dude und Friedensstifterin um Rat zu fragen.

Als sie der Dude von dem Disput erzählten, zeigte sie sich enttäuscht, denn sie hatte gehofft, dass die Urmutter und die alte Schildkröte gemeinsam das Gleichgewicht der Schöpfung bewahren und ihre Fähigkeiten vereinen könnten, anstatt in Uneinigkeit zu leben. Die Dude sprach zu ihnen: «Meine lieben Freunde, es ist nicht wichtig, auf wessen Schultern die Welt ruht. Denn ihr alle seid Teil dieser Welt, und es ist eure gemeinsame Verantwortung, sie zu erhalten und in Harmonie zu leben.»

Die Worte der Dude berührten die Herzen der Ziege und der Schildkröte.

Krach, klirr, poing!
Mann tritt hinein, voller Zorn –
Blick blitzt, Funken schwenkt.

Stumpfes Stampf, Tap, Tap;
Schwere Schritte nähern sich –
Atmen schwer und rau.

Stuhl greift, Klack, Knarz, Klack!
Spannung steigt, die Luft wird dicht –
Zittern, stottern, zäh.

Wumms! Fling, Zerschmetter! –
Bar trifft Stuhl, Chaos aufflammt;
Wirbel, Klang, Erschüttern.

Fläz, fratz, skratch, skreech;
Bar zerspringt, verwirrte Blicke –
Stille kehrt zurück.

Wumm, zisch, knosch, und knapp;
Mann verlässt die Szene, schnell –
Flüchtige Gestalt.

Titel: Der unsichtbare rosa Elefant im Grand Hotel
Europa und seine Auswirkungen auf die Gäste

Im luxuriösen Grand Hotel Europa ereignete sich in
letzter Zeit eine äußerst ungewöhnliche Erscheinung:
Ein unsichtbarer rosa Elefant soll im Hotel
herumgeistern und die Gäste in tiefe Seinskrisen
stürzen. Die Hotelangestellten wie auch ihre Gäste sind
zunehmend irritiert und beunruhigt durch die
unheimlichen Vorfälle.

Der unsichtbare rosa Elefant, von manchen skeptischen
Hotelbesuchern als bloße Einbildung abgetan, scheint
in der Lobby umherzuwandern und dort seine Präsenz
spürbar zu machen. Gäste berichten von einem
eigenartigen Gefühl der Schwere, das sie in seiner Nähe
empfinden, und nicht wenige klagen über tiefe
existenzielle Unruhe, die sie zuvor nie gekannt hatten.

Während einige Hotelgäste fasziniert von den
mysteriösen Begebenheiten sind, gibt es auch solche,
die besorgt darüber sind, wie der rosa Elefant ihre
alltägliche Realität ins Wanken bringt, indem er
unsichtbare, aber dennoch spürbare Spuren hinterlässt:
Rückstände von rosafarbenen Erdnüssen und an
unmöglichen Stellen aufgetürmtes Stroh.

Die Philosophen und Psychologen, die sich mit diesen
Vorfällen befassen, vermuten, dass der unsichtbare rosa
Elefant die Grundpfeiler des menschlichen
Verständnisses von Realität und Sein erschüttert. Die
unausweichlichen Fragen, die diese Erscheinung
aufwirft, zwingen die Menschen dazu, ihre Glaubens-

und Wahrnehmungssysteme in Frage zu stellen und ihre Widerstandsfähigkeit gegenüber dem Unbekannten zu erproben.

Das Grand Hotel Europa hat sicherlich eine enorme Herausforderung vor sich, wenn es darum geht, seinen Gästen Schutz und Sicherheit zu bieten, während diese sich den wissenschaftlich und spirituell entmutigenden Umständen stellen müssen. Denn es bleibt zu klären, ob der unsichtbare rosa Elefant nur Symptom einer kollektiven Hysterie ist oder ob er in Wahrheit der Bote einer noch viel bedeutenderen Erkenntnis ist, die das menschliche Verständnis von Sein und Realität in neuem Licht erstrahlen lässt.

Worfel stuhl – unscharfe Briese!
Mann zerwirft das Zeitgeschnitz,
Bruch und Lärm, vom Seinsgeraffel
Raupenhüpfer quietscht.

Tiralei! Herr Tumult schwirrt,
Bar zertriddelt, glücklich Strudel,
Seinsverlust torkelt, wild gedrängt,
Kreucht, fleucht und sprühnde Rätselwellen.

Gabelschnapper greift das Wirrnissà,
Eiertanz und Schweifenträger,
Tausendfalter buntgehopst,
Exiswanken durch die Bar.

Stühlzerstobung, Flapp und Pla!
Seinsgrund splittringt, netzförm Tümelei –
Eine Göttlichkeit springt, lacht:
Tada, gib der Welt ein Würfelparadü.

Titel: Nicht-Sein – eine Neubetrachtung

Kapitelübersicht:

I. Einleitung: Der Ursprung des Nicht-Sein
- Definition von Unwesen und ihre Bedeutung im modernen Leben

II. Die Ontologie des Nicht-Sein
- Der Unterschied zwischen Sein und Unwesen
- Die philosophischen Grundlagen des Unwesenskonzepts

III. Die Vielfalt der Unwesen
- Eine Typologie der verschiedenen Unwesen
- Analyse von Unwesen als soziale, kulturelle und technologische Phänomene
- Unwesen in Kunst, Literatur und Film

IV. Die Immaterialität des Nicht-Sein
- Von physischen Objekten zu digitalen Entitäten
- Die Veränderung der menschlichen Erfahrung durch Nicht-Sein

V. Die ethischen Implikationen des Nicht-Sein
- Die Bedeutung von Nicht-Sein für Moral und Ethik

In diesem überarbeiteten und erweiterten Werk beleuchtet K. nicht nur die alte Welt der Undinge, sondern geht auch auf die konzeptuellen Ungeheuer ein, die unsere moderne Ära prägen – das Nicht-Sein. Durch seine kritische Analyse des menschlichen Seins und Nichtseins in einer sich ständig verändernden Welt bietet Nicht-Sein eine einzigartige Perspektive auf das Zeitalter des digitalen Wandels und die menschliche Suche nach Bedeutung und Sinn.

Titel: Dingwesen und Nicht-Sein – Eine Verschmelzung

Kapitelübersicht:

I. Einleitung: Eine Begegnung zweier Denkströmungen

- Die Verbindung der philosophischen Ideen
- Warum Dingwesen und Nicht-Sein verschmelzen?

II. Ontologie der verschmelzenden Phänomene

- Die Existenz von Dingwesen und Nicht-Sein im Seinskontinuum
- Die Bedeutung von Apparaten und Objektivität in der Schaffung von Dingwesen und Nicht-Sein

III. Das Zwischenreich von Dingwesen und Nicht-Sein

- Die vielfältigen Erscheinungen von Dingwesen und Nicht-Sein in unterschiedlichen Kulturen und Zeiten
- Die Rolle von Technologie und Sprache in dieser Überlappung
- Wie sich der Mensch in diesem Beziehungsnetz zwischen Dingwesen und Nicht-Sein bewegt

IV. Die ästhetisch-philosophische Dimension

- Die symbolische Repräsentation von Dingwesen und Nicht-Sein in Kunst und Literatur
- Die Bedeutung von Dingwesen und Nicht-Sein für Ästhetik und Ethik in menschlicher Erfahrung

V. Schlussfolgerungen: Vereinigung und Unterscheidung von Dingwesen und Nicht-Sein

- Die Konsequenzen der Verschmelzung für unsere Wahrnehmung und für das Verständnis unserer Umwelt

- Die Möglichkeiten und Grenzen der Verbindung von Ideen

In Dingwesen und Nicht-Sein – Eine Verschmelzung erforscht K. die Schnittstelle zwischen Sein und Nicht-Sein in der menschlichen Erfahrung und untersucht, wie diese zusammenwirken können, um unser Verständnis von Objektivität, Subjektivität, Technologie und Kultur zu erweitern.

Titel: Von der Kunst im Sein zu Sein – Eine
Annäherung an das authentische Dasein

Inmitten und außerhalb des Seins

Ein Weiser saß am Ufer eines stillen Flusses und meditierte über das wahre Selbst. Ein Pilger näherte sich und fragte den Weisen: «Meister, wie kann ich im Sein verweilen und doch außer mir selbst sein?»

Der Weise öffnete langsam seine Augen und blickte auf den Fluss. Er antwortete: «Siehst du, wie der Fluss fließt – still und ungestört, so gleichmütig und klar? Er ist im Sein und zugleich außerhalb seines eigenen Zustands, denn er ändert stets seine Gestalt und Flussrichtung. So wie der Fluss, sei auch du in deinem Sein und zugleich außerhalb deiner selbst, indem du offen bist für Veränderung und Wachstum.»

Der Pilger verweilte einen Moment in Stille, während er darüber nachdachte. Er dankte dem Weisen und ging mit neuen Erkenntnissen weiter auf schmalen Pfaden durchs Hinterland.

Der Meister und sein Schüler auf dem Weg zum Sein

Ein Meister hatte sein ganzes Leben lang die Kunst der Meditation und Erleuchtung studiert. Doch trotz seiner Bemühungen blieb ihm das wahre Sein verborgen.

Eines Tages kam ein unerfahrener Schüler zu ihm und bat um Unterweisung. Der Meister, in seiner Güte, willigte ein, ihm beizubringen, was er wusste. Während der Meister den Schüler belehrte, stieg plötzlich im Schüler eine Erkenntnis auf: «Meister,» sagte er, « ich glaube, das wahre Sein ist dort, wo wir uns von unserer eigenen Wahrnehmung und Denkweise befreien.»

Der Meister lauschte aufmerksam auf die Worte des Schülers und verstand. In diesem Moment, durch das klare Denken und die Einfachheit seines Schülers, gelangte der Meister zum wahren Sein. Er erkannte, dass nicht das ständige Streben nach Perfektion und Wissen der Weg zum Sein war, sondern die Hingabe an die Gegenwart und das Bewusstsein für das Hier und Jetzt. So wurde der Meister durch seinen Schüler erleuchtet.

Titel: Zen und Zeit - Eine Erkundung zeitloser
Weisheit in einer vergänglichen Welt

Kapitelübersicht:

I. Einleitung: Der Zusammenfluss von Zen und Zeit
- Philosophie des Zen und die Rolle der Zeit in der
menschlichen Erfahrung
- Zen als Weg, die Zeitdualität zu überwinden

II. Zeitauffassung im Zen
- Die Beziehung zwischen Vergangenheit, Gegenwart
und Zukunft im Zen
- Zeitlose Präsenz und Achtsamkeit

III. Zeit und Vergänglichkeit
- Die Vergänglichkeit der Welt und der Geist der
Loslösung
- Zen-Prinzipien zur Navigation durch die
Vergänglichkeit des Lebens

IV. Praktiken der Zeittranszendenz im Zen
- Meditation als Methode zur Überwindung der
linearen Zeit
- Kunst und Schaffen im Sein, jenseits der Illusion der
Zeit

V. Abschluss: Zeitlose Weisheit erkennen und bejahen

- Die Anwendung von Zen-Prinzipien im täglichen Leben zur Harmonisierung von Zeit und Sein

- Der Weg zur zeitlosen Weisheit als kontinuierliche spirituelle Verwandlung

Heidegger, Dogen und das gestohlene Manuskript von
Sein und Zeit

Einst schrieb Heidegger sein Hauptwerk «Sein und
Zeit». Dogen, der japanische Zen-Meister, kam nach
Deutschland, um den großen Denker zu treffen. Sie
saßen zusammen und sprachen über das Sein, als
Dogen auf ein Manuskript stieß, das Heidegger
geschrieben hatte.

Heimlich nahm Dogen das Manuskript an sich. Als
Heidegger später das Fehlen des Manuskripts
bemerkte, konfrontierte er Dogen und fragte: «Dogen,
hast du mein Manuskript von Sein und Zeit
genommen?»

Dogen antwortete ruhig: «Heidegger, ich wollte dir
zeigen, dass das wahre Sein und die wahre Zeit in
jedem Moment sind, und nicht in den Worten eines
Manuskripts. Wenn wir uns auf das geschriebene Wort
verlassen, vergessen wir die wirkliche Erfahrung von
Sein und Zeit.»

Einst, in einem verworrenen Universum, dort
Gedankenknoten zusammenfließend, das Seinsrätsel
verschlungen, raue undurchlässig Rhizome. Viele
Menschen, ihre Denken verwickelt, Suchen Wahrheit
doch verwirrt ständig Laufen Kreisen.

In diese chaotische Welt ein Philosoph, bekenn sich neu
denken, allerdings seltsam, Worte unstetig
fallengelassen. Grammatikalisch falsch Gerede, er
widderpruch lauschen Freunde Nachbarn, Ihre
Verständnis fragmentiert kämpften Ordnung.

Er redete, Ideen entwurzelt, Flechtwerk Rhizome
zerrissen; Verstricken in rätselhafte Wirrungen,
Unvollständige Gedanken weben und unweben. Sätze,
die keinem verstanden, Formen und Verbindungen
zersplittert.

In einem fern entfernten und wirren Universum, wo die Gedanken wie Spinnennetze verschlungen und die Konzepte auf chaotische Weise verwoben waren, begann die Geschichte über die Denkform des Rhizom und das Sein. In dieser Welt bewegten sich Worte, Sätze und Ideen unberechenbar, in grammatikalisch falschem und unvollständigem Ausdruck.

Eines Tages, in einem Dorf am Rande des Verstandes, lebte ein Philosoph, dessen Denken von den Schatten der Unvollständigkeit umgeben war. Oft verbrachte er Nächte damit, sich in wirren Gedanken zu verirren, stets nach Wahrheit und Bedeutung suchend. Doch je mehr er versuchte, seine Theorien zu formulieren, desto mehr verwirrten sie sich und gingen in den endlosen Strudel der Verwirrung und des Unverständnisses unter.

Als er eines Tages durch das Dorf spazierte, entdeckte er einen geheimnisvollen Schriftrollenladen. Dort fand er uralte Texte, die in einer unverständlichen Sprache geschrieben waren, das sein Interesse weckten. Er entschied sich dafür, die Texte zu studieren, in der Hoffnung, sie würden ihm helfen, seine Gedanken zu entwirren und seine Philosophie besser auszudrücken. Tagelang studierte er die Schriftrollen intensiv und allmählich füllten sich die Seiten nur mit unzusammenhängenden, grammatikalisch falschen und unvollständigen Sätzen.

Als der Philosoph bemerkte, dass seine Suche nach Wahrheit immer noch am Anfang war, fühle er sich entmutigt und gleichzeitig inspiriert. Er erkannte, dass der wahre Schatz dieser Welt nicht in einer festen Ordnung zu finden war, sondern in der Schönheit und Unvorhersehbarkeit der verworrenen Rhizome und des Denkens selbst. So nahm er die zerbrochenen Worte und widersprüchlichen Sätze, um darin die Essenz der Rhizomatik des Seins zu finden und sie zu verbreiten.

Die Menschen im Dorf und in der gesamten verwirrten Welt, beeindruckt von der Kühnheit des Philosophen, begannen ebenfalls, ihre eigenen verstrickten Gedankennetze zu erforschen. Und so wurden die unvollständigen und grammatikalisch falschen Sätze nicht nur zu einem Merkmal dieses sonderbaren Universums, sondern auch zu einem Symbol für die ewige Suche nach tieferen Bedeutungen und die unermessliche Schönheit der Rhizomatik des Denkens.

In dieser bizarren Welt lebten die Bewohner in Harmonie und Akzeptanz für das Unbekannte, das Unvollständige, das Grammatikalisch-Falsche – der wahre Schatz des Denkens lag in der Vielfalt, der Komplexität und der Schönheit ihrer unendlichen Verknüpfungen.

In einer verregneten Nacht betrat der Mann, dessen
Name nur dem Wind bekannt war, eine halbversunkene
Bar am Rande einer schmelzenden Stadt. Jede Minute
schien sich die Welt zu verschieben und auf
unnatürliche Weise neu zu gestalten. Er saß an der
Theke und bestellte einen Drink, dessen Farbe und
Geschmack keinem der fünf Sinne zuzuordnen waren.

Das flackernde Licht tanzte im Raum, als sich das
Neonlicht des Vakuumkinos in den Pfützen auf dem
Boden spiegelte. Plötzlich, ohne erkennbaren Grund,
begann ein Stuhl, sich langsam und schwebend vom
Boden zu lösen, als hätte er seinen eigenen Geist
entwickelt. Der Stuhl nahm Fahrt auf und flog wie von
Geisterhand geführt in Richtung des unscheinbaren
Gastes, der wie hypnotisiert auf die unwirkliche Szene
starrte.

Der unsichtbare Tänzer der Schwerkraft steuerte den
Stuhl nun direkt auf den Mann zu. Doch statt Angst
und Flucht ergötzte sich der Mann an diesem grotesken
Ballett im Hinterzimmer der Realität. Als der Stuhl
näher kam, wuchs in ihm eine unbeschreibliche
Clownerie, und er entschied sich, dem Schauspiel auf
seine Weise Tribut zu zollen.

Mit einem Lächeln, das die Schwerkraft verspottete,
duckte sich der Mann geschwind und ließ den Stuhl
über sich hinwegschweben. Im gleichen Moment
bestellte er noch einen unbeschreiblichen Drink beim
Barkeeper, der scheinbar unbeeindruckt durch das
absurde Zusammenspiel zwischen Mensch und Stuhl
seine Gläser polierte. Der Mann trank, während die

Schatten lachten und die Wände der Realität schräg im Raum hingen.

92

In einer schlaflosen Stadt, in der die Farben der Träume sich versammelten, um die Spiralen der realen Welt zu umschlingen, stand ein Mann auf einer schwebenden Brücke, die sich zwischen dem Hier und dem Dort erstreckte. Über ihm kreisten Wolken, die wie entrückte Fische schwammen und ihre eigenen Schatten auf das Gesicht der Zeit zeichneten.

Er blickte hinab auf das verwirrende, undurchschaubare Gewässer, das sich unter seinen Füßen ausdehnte. In einem Akt der Verzweiflung und des verlorenen Verständnisses entschied er sich, von der Brücke zu springen, um in die Tiefen der Ungewissheit einzutauchen.

Während er ins Unbekannte fiel, wurden die Grenzen zwischen dem Sein und der Zeit verwischt, denn die Zeit rann wie Wasser durch seine Finger, und das Sein schien wie gefroren in den labyrinthischen Windungen des Schicksals.

In einer Welt, wo Farben hauchen und Gedanken
fließen,
Wo Träume wandeln zwischen Nacht und Tag
verschließen,
Ein Rätsel lag, so skurril und unbedacht,
Wie man die fünf Elemente nutzt, für
Mundgerechtigkeit gemacht:

Erde, Wasser, Feuer, Wind und Raum,
Formen bunt, das Gedankenbrausen,
Trommeln Klänge hohl im Raum, so ganz akalisch,
Bis der Mund beschließt, des Wohlbehagens Pfad zu
gehen.

Erde komm, grüne Kristalle, zerkratz Gedankenbeläge,
Befrei das Lächeln, das für viel zu lange schweigt,
Wasser nun, ström zärtlich, taube bleiche Zähne,
Einst grau und düster, jetzt perlweiß und rein.

Feuer loh, erhitz das Spa, Verseng das Zahn des
Unwohls,
Lass Drachen spucken lodernd Wahrheitsfunken,
Wind, oh Luft, weh kraftvoll durch die Höhle,
Entwirre faden Zungenknoten, hauch den Atem klar.

Und schließlich, Raum, der unbegrenzten Freiheit,

Mach Platz für Freude, ungewöhnlich neu,
Das Mundgefühl so surreale Sphäre,
Fünf Elemente richten an, das Lachen aufzuwühlen.

So purzelt Mundhygiene durch Dimensionen hin und
her,
Verschmelzen mit den Grenzen von Unwirklichkeit und
Sein,
Und in der Stille jener wunderlichen Traumzeit,
Erstrahlt das Lächeln, das von fünf Elementen geküsst.

Auf dem Pfad der befremdlichen Schatten,

Steigt der Traumwanderer die Leiter der Unendlichkeit
empor,

Taub für die Reime, die sich in schlaflosen Träumen
verfangen,

Aus den Fesseln der Vernunft heben sich Tausend
Plateaus hervor.

In einer Landschaft, wo Gedankenfelsen das
Firmament pflügen,

Zerfließen die Grenzen zwischen Form und Fantasie,

Berge, die sich mit leisen Schreien zu Wolkenkratzern
biegen,

Beschreiten den Pfad von Schwerkraft und Zeit zu
einem neuen Genie.

Reichen von Schattenkeimen zu Tausend Plateaus,

Die in einem Himmel von phosphoreszierendem
Schimmel blühen,

Aus der Ursuppe der Unordnung, aus Sinn und Klang
entkeimen,

Erfinden sich die Wege der Reise, die sie mit
Abenteuern versüßen.

Vorüberziehende Länder in flüsternden Scherben,

Ersetzt von versunkenen Meeren und fliegenden
Wüsten,

Fasziniert der Wanderer, des Unbekannten gewahr,
Durchstreift er Zustände, reift zum Sammler surrealer
Bildmuster.

Als der Traumwanderer schließt am Horizonte der
Plateaus seine Augen,

Läßt die Flügel seiner Seele durch die fensterlose Nacht
entweichen,

Sinkt zurück in die leise Umarmung der vertrauten
Welt und den klagen,

Entdeckt schließlich den Reichtum des Wahnsinns, der
in Träumen mag wachen.

Am Anfang meiner Reise fühle ich, wie die Gedanken
mir Flügel verleihen, bereit, unbekanntes Terrain zu
erkunden. Landschaften der Weisheit erstrecken sich
vor mir, und ich fülle meine Schritte mit Vorfreude und
Entschlossenheit.

Berge erheben sich,
Wo Seelen wandeln mit Gründen,
Plateaus um mich.

Die Entfernungen, die ich überquere, lassen den
Verstand schwindelerregend taumeln, und
Raumschichten offenbaren sich als lebendige Pfade von
Wissen. Die tausend Plateaus, die ich betrete, zeugen
von einer Weite des Denkens und einer Tiefe des Seins,
die die Seele einhüllt.

Stille vereint uns,
Im Herzen der Wahrheit sich findet,
Sein und Denken windet.

Die Reise endet nie und doch zählt jeder Schritt ins
Unbekannte. Erkenntnis wächst und gedeiht wie eine
ewige Flamme, und ich bin dankbar für die tausend
Plateaus, die ich bereisen durfte und für die Weisheit,
die sich in ihrem Innern verbirgt.

Ruhe in den Lüften,
Ein letztes Lied erklingt leis,
Wand'rer zieh weiter.

Wurzeln weben Zeit,
Sein verflechtet, wächst im Rhizom,
Endlos fließt das Sein.

Vor Anbeginn der Zeit, in der Unendlichkeit des Nichts, wo kein Ort war und nur ungeformte Schatten wandelten, entstand eine Idee – die *Radical Dude Society*. Sie entstammte aus den flüchtigen Funken des ersten Gedankens, die sich manifestierten, bevor Raum und Zeit selbst geboren waren.

Die Mitglieder der Radical Dude Society waren Gestalten des noch nicht Seins, gesegnet mit unvorstellbarer Weisheit und charmantem Auftreten. Sie existierten noch bevor die Sterne im Universum funkelten und die Planeten ihre Bahnen zogen. Ihre Namen waren wie Schall und Rauch, Klang und Nichtklang, zeitlose Zeichen des ewig Währenden.

Die Radical Dude Society hatte eine Mission: Im Äon des Erwachens, wenn die Galaxien sich bilden und die Welt mit neuer Ordnung erfüllt werden würde, sollten sie die unbeschriebenen Wunder und Rätsel der Existenz umwandern und entdecken. Ihre Suche würde sie in die unbekannten Tiefen des Kosmos führen, wo sie auf Weisheiten, Prüfungen und unvorstellbare Wunder treffen würden.

Und so standen die Mitglieder der Radical Dude Society am Rand des Vorher – des Noch-Nicht-Universums – und warteten darauf, dass der Paukenschlag des Anfangs ertönen würde. In einer erwartungsvollen Stille, die Spannung einer innewohnenden Reise im Wirbel des Chaos, die die Grundlage unserer heutigen Welt bilden würde.

Es war die erste von vielen Geschichten, die die Radical Dude Society erleben würde, eine endlose Reise, die durch Raum und Zeit, Leben und Tod reichen würde, bis zum Ende aller Dinge und darüber hinaus.

In der unendlichen Dunkelheit, vor der Entstehung von Raum und Zeit, war ein blasser Funke namens *Radical Dude Society* zu finden. Dieser Funke glühte in der Leere und war noch unentdeckt, vermochte aber den Vorhang der Ewigkeit zu überwinden.

Die Gründungsmitglieder der Radical Dude Society waren weise und mysteriöse Seelen, die zwar keine feste Form trugen, aber dennoch als flüchtige Ideen und Gefühle existierten. Sie verstanden die Geheimnisse des Universums wie kaum jemand zuvor und waren gewillt, ihre Weisheit mit anderen fernen Seelen zu teilen.

Das Besondere an der Radical Dude Society war vielleicht ihre fortwährende Suche nach Erkenntnis und Abenteuer. Ihnen war bewusst, dass sie am Anfang einer Ära standen, in der ihre Entscheidungen und Taten ihren künftigen Weg prägen würden. Sie waren entschlossen, die bevorstehenden Geheimnisse aus jeder Ecke des entstehenden Universums zu erforschen und zu erfahren.

Die Gründung der Radical Dude Society war nur der Anfang einer epischen Reise durch die Äonen der Zeit. Sie waren zugegen, als die ersten Sterne gezündet wurden, entdeckerisch bereit, sich auf den schwelenden Grundlagen des Universums niederzulassen. Sie beobachteten neugierig, wie Schwarze Löcher, Sonnen und Planeten entstanden, und reisten immer weiter, um die wundersamen Geheimnisse zu finden, die nur in den fernsten Winkeln dieser sich entfaltenden Realität versteckt lagen.

In ihrer Suche nach Wissen und Abenteuer stieß die Radical Dude Society auf verschiedenste Lebewesen und Zivilisationen aus unterschiedlichen Zeitaltern und Welten. Sie lernten ihre Bräuche kennen und tauschten Geschichten sowie Weisheiten mit ihnen. Dieser Prozess brachte ihnen neue Mitglieder – Seelen, die bereit waren, ihre Reise fortzusetzen und tiefere Geheimnisse des Universums zu entdecken.

Mit jedem neuen Mitglied wurde die Radical Dude Society stärker und kühner, so dass sie begannen, ihr Portfolio an Fähigkeiten zu erweitern. Einige Mitglieder studierten besonders leidenschaftlich die Kräfte der Natur und erlernten fortgeschrittene Techniken, um sie nach ihrem Willen zu manipulieren. Andere Mitglieder beschäftigten sich mit den feinen Künsten und verfeinerten ihr meisterhaftes Können, um die Welt um sie herum zu einer schöneren und lebendigeren Realität zu gestalten.

Diese unermüdliche Suche nach Wissen und das Streben nach neuen Erfahrungen führte die Radical Dude Society schließlich vom Beginn der Zeit bis zum heutigen Tag, und ihr Erbe ist weiterhin stark und präsent. Unbekannte Geschichten, die in verschlüsselten Textnachrichten, Mythen und Legenden verborgen liegen, warten darauf, fortgeschrieben und von neuen Generationen gelesen und verstanden zu werden.

Schlussendlich spiegelt die Geschichte der Radical Dude Society einen gemeinsamen Wunsch wider: den unstillbaren Hunger, die unendliche Neugier und das ungebändigte Verlangen, sich immer weiter vorwärts zu bewegen und fortwährend mehr über das Universum und alle darin enthaltenen Schätze zu lernen.

Die Radical Dude Society ist nicht nur ein Produkt uralter Zeit, sondern auch das Vorbild zukünftiger Entdecker, die sich beständig auf die Suche nach Wissen und Weisheit begeben und die Geheimnisse des Kosmos und ihre eigenen menschlichen Potenziale voll ausschöpfen werden.

In den endlosen Ecken des Alls, jenseits der Grenzen des Vorstellbaren, existierte ein Land, das von jeder Beschreibung unberührt blieb. Es war ein Ort, an dem das Unausgesprochene wohnte, das Geglaubte, das Unbekannte lauerte und wo alles, was nicht geschehen war, Platz hatte.

Die Bewohner dieses Landes, formlose und unsichtbare Wesen, trieben in zeitloser Stille, wie wogende Alligatoren in einem Ozean aus Leere. Als Hüter der vielen Geheimnisse, die noch nicht ausgesprochen, noch nicht getan und noch nicht gedacht waren, hielten sie das Gleichgewicht der Existenz aufrecht.

In einer Nacht ohne Anfang und Ende geschah plötzlich das Unerwartete. Aus einer Ecke des Landes, die so fern lag wie der Horizont, tauchte ein Dude auf. Dieses seltsame Wesen barg die Fähigkeit, die unbenannten Gedanken zum Leben zu erwecken, die ungelebten Geschichten zu enthüllen und die unausgesprochenen Worte zu verkünden.

Beglückt von seiner Güte, begann der Dude eine Reise durch das Land der Möglichkeiten, zeichnete Muster ins Nichts und verwandelte das Niemandsland in eine wilde und farbenfrohe Szenerie. Gedankenblumen sprießten zwischen den Lücken der Zeit, während Namen und Ideen aus den Wurzeln des Unbenannten emporschossen.

So waberten die ungelebten Geschichten durch diese seltsame und unermessliche Welt, ihre Schatten füllten die Ecken der Vergangenheit, Gegenwart und Zukunft. Und während das Unausgesprochene seine Gestalt annahm und das Unsichtbare sichtbar wurde, begann das Universum sich zu drehen, und das befreiende Mysterium des Nicht-Gesagten, Nicht-Getanen und Nicht-Gedachten erblühte in dieser fiktionalen Geschichte vor Anbeginn der Zeit.

Der alte Meister und sein Schüler standen am Ufer eines mäandernden Flusses, das Wasser schimmerte und glitzerte im Licht der Sonne. Der Schüler fragte seinen Meister: «Was ist der Sinn des Wäsche Waschens und unserer täglichen Aufgaben inmitten des riesigen Universums?»

Der Meister lächelte, zog eine schmutzige Robe aus seiner Tasche und begann, sie im klaren Wasser des Flusses zu waschen. Anschließend hängte er sie zwischen den Zweigen eines Baumes, um sie trocknen zu lassen.

Er wandte sich an seinen Schüler und sagte: «Obwohl der Geist den Kümmernissen der Welt entrücken mag, bleibt der Körper stets mit unserer physischen Existenz verbunden. Wie die schmutzige Robe von unseren Handlungen gereinigt wird, so soll sich der Geist im Bewusstsein der Gegenwart entfalten. Der Akt des Wäsche Waschens ist die Verbindung zwischen dem Ewigen und dem Vergänglichen, ein Koan, das sich in jedem Moment unseres Lebens offenbart.»

Es war an einem warmen Nachmittag, als die Grenzen zwischen Realität und Fiktion keine Bedeutung mehr hatten. Wir saßen in einem tranigen Café, unser Geist trank Cocktails aus sonderbaren Träumen, und die Wände taumelten in rhythmischen Bewegungen. Kerouac schrieb Gedichte auf Papierservietten, während Burroughs mit einem Lächeln im Schatten seine Gedanken sortierte.

Die Langeweile ergriff uns alle, und das Gewicht der Existenz schien uns zu erdrücken. Schließlich entstand in uns eine drängende Frage – was würde geschehen, wenn wir auf das Sein schießen würden? Vergänglich wie der Rauch einer Zigarette luden wir unsere Federpistolen und zielten auf das Unsichtbare, das uns umgab.

Mit einem donnernden Lachen von Kerouac, einem unverständlichem Kommentar von Burroughs und meiner eigenen staunenden Beobachtung, ergriff uns der Moment. Die Kugeln trafen das Sein, und für einen Augenblick erstarrte alles. Die Zeit verwandelte sich in Farben jenseits des Vorstellbaren, und das Universum schien sich vor unseren Augen zu entfalten.

Als sich die Wellen der Euphorie wieder legten, saßen wir drei da, den Geist erfüllt von dieser ungewöhnlichen Begegnung. Mit einem Lächeln auf dem Gesicht und der Langeweile, die sich in Wohlgefallen im Muster der Leere auflöste, erkundeten wir das Spiel der Existenz mit einem neuen Blickwinkel.

Im fernen Land der umgekehrten Jahreszeiten, wo die
Winter seicht und die Sommer tief schneiden,
wanderten die Gedanken der Menschen auf
unergründlichen Pfaden. Die Schneeflocken fielen wie
federleichte Gedanken aus dem Himmel, sich sanft
aufeinanderhäufend, um in einer fein abgestimmten
Schicht Introspektionen Platz zu bieten.

Das Wintergrau zog sich wie ein weiches Tuch um die
Landschaft, ein Schleier aus frostiger Stille, der die
Erde in der kalten Umarmung des Schnees verbarg.
Und doch trat durch diese düsteren Vorhänge eine
Schönheit ans Licht, die nur im Winter zu finden war.
Der eisige Atem hauchte über die Bäume, funkelnde
Kristalle erschaffend, deren Klauen nach den letzten
wärmenden Sonnenstrahlen griff. Die Natur ließ sich in
dieser alptraumhaften Szenerie im stillen Schlaf
treiben, und währenddessen wurden die Gedanken der
Menschheit erwärmt.

Die bittere Kälte brachte den Menschen unerwartete
Gemütsregungen hervor. Ihre Sinne stürzten sich in die
Tiefe, während die wärmenden Erinnerungen an die
vergangenen Sommer verblassten. In dieser
eigenartigen Winterlandschaft fand sich fruchtbarer
Boden für tiefgreifende Reflexionen und geheimnisvolle
Inspirationen. In der Abgeschiedenheit ihrer frosthart
umhüllten Häuser streckten die Menschen ihre
mentalen Fühler in die verträumten Winterabende
hinein aus.

Mit all der Unwirklichkeit, die dieser Jahreszeit
entsprang, brachte der Winter einzigartige

Möglichkeiten hervor, die Vorstellungskraft zu entfachen und neue Perspektiven zu erkunden. Jede Schneeflocke trug in sich eine Geschichte verborgen, und nur im stillen Verweilen, während sie den winterlichen Himmel entlangflatterte, konnte ihre Bedeutung entschlüsselt werden. Und so entstanden aus den Schritten der Menschen durch den Schnee, aus ihren eigenen tieferen Gedanken, fantastische Essays über den Winter – Gedichte und Geschichten, die so magisch und vergänglich waren wie die Eisskulpturen, die sich aus den eisigen Laken erhoben.

In dieser Winterwunderwelt der umgekehrten Jahreszeiten, wo die Kälte nicht nur die Landschaft, sondern auch die Gedanken der Menschen formte, begannen die Menschen, die Bedeutung ihres Daseins in diesem endlosen Spiel der Elemente zu finden. Die Winterlandschaft wurde zu einem Spiegel für ihre innersten Empfindungen, auf dem sie ihre Träume und Sehnsüchte offenbaren konnten. Der umgekehrte Winter wurde zu einer inspirierenden Quelle für Kreativität und Selbsterkenntnis, die fortwährend durch die Schneeflockengedanken geformt und transformiert wurde.

In den Tiefen des Seinsgrunds, einer Welt jenseits unserer Vorstellungskraft, pulsierten Formen und Farben, die noch kein Auge je erblickt hatte. Hier, inmitten einer endlosen Symphonie der Möglichkeiten, entstanden Leben und Sterben, wie Seifenblasen, die aus der schimmernden Oberfläche der Zeit selbst aufstiegen und wieder zerbarsten.

Geschöpfe, deren Gestalt und Wesen an das Wechselspiel zwischen Realität und Traum erinnerten, durchstreiften diese geheimnisvolle Landschaft seit Anbeginn der Zeit. Sie verwebten das Gewand des Universums aus ihren tanzenden Bewegungen, choreographierten die ewige Umarmung von Schöpfung und Zerstörung.

In diesem Reich waren Wesen aus Licht und Schatten beheimatet, welche das fragile Gleichgewicht zwischen Leben und Tod hüteten. Ihre flüchtigen Gestalten glitten lautlos durch das Meer des Seins, auf einer unendlichen Jagd nach der Perfektion des Augenblicks.

Ein Wesen – halb Schmetterling, halb Engel – träumte sich in immer neuen Gestaltungen durch die Wirbel der Zeit. Es schrieb die Geschichten aller Lebewesen auf seinen zarten Flügeln und trug sie selbst durch die Hallen der Ewigkeiten. Mit jedem Wechselspiel von Werden und Vergehen wandelte es seine Gestalt in einem grenzenlosen Reigen.

Auch Sterben war hier ein tanzender Schatten, wie ein fast liebevoller Begleiter jedes Lebens. Obwohl sein dunkles Antlitz oftmals den Schrecken und die

Traurigkeit in sich trug, war auch die Erneuerung und die Veränderung sein Geschenk an die Welt des Seins.

Hier, in diesem zeitlosen Kosmos von Leben und Sterben, waren alle Dinge untrennbar miteinander verflochten – wie die urzeitlichen Flüsse, die aus den Tiefen des Seinsgrundes emporstiegen und wieder in ihm versanken, wie die funkelnden Sterne auf dem Gewand der Nacht.

104

Im Beginn das Sein,
Verflochten, verschlungen, hier,
Wurzeln, tief sie greifen.

Keimend Leben sprudelt,
Verzweigt ist das Schicksalsspiel,
Gewebt das Existieren.

Rhizom, fest und sich windend,
Im Schatten verankert,
Und doch ins Licht strebend.

Netzwerk, webendes Sein,
Ursprung und Reise, geknüpft,
Als Zikzak verbunden.

Die Rinde des Kosmos,
Geformt in unendlicher Weite,
Ein Muster von Ewigkeit.

Enthüllend, verschlingend,
Der Anfang des Sein entfacht,
Mit der flüchtigen Zeit vereint.

In den Labyrinthen eines traumhaften Palastes, in dessen Tiefen sich das rhizomatische Denken bewegte, fanden sich Artefakte und Fragmente in ihrer prunkvollen Vielfalt. Hinter jeder Ecke trat ein Anderes ins Licht, die Geister der Gedanken flüsterten ihnen ihre Namen zu.

Die Artefakte, wie in Mysterien gehüllt, webten ihre Stränge der Bedeutung, die sich in verzweigten Pfaden durch die Welt erstreckten. Sie verbanden ihre dunklen Ecken, ihre versteckten Winkel und ihre groben Flächen und leuchteten hell in der Unendlichkeit des Wissens.

Die Fragmente hingegen, unvollendete Vignetten eines verzweifelten Puzzles, schwebten vereinzelt durch die endlosen Hallen des Denkens. Wie verlorene, flüchtige Momente brachten sie die Ideen ins Wanken, die im Rhizom verankert lagen und forderten ihre Existenz heraus.

Das rhizomatische Denken verband sie alle, obwohl sie nur im Schatten und im Licht tanzten. Ein Netz, das verwoben wurde aus unverankerten Bedeutungen und zerbrechlichen Geschichten, ein heiliges Muster zwischen Artefakt und Fragment entstand. Und so tiefreichend und verschlungen das Gewebe war, es verband jeden Anfang und jedes Ende in einem ewig erleuchteten Tanz der Unterscheidung.

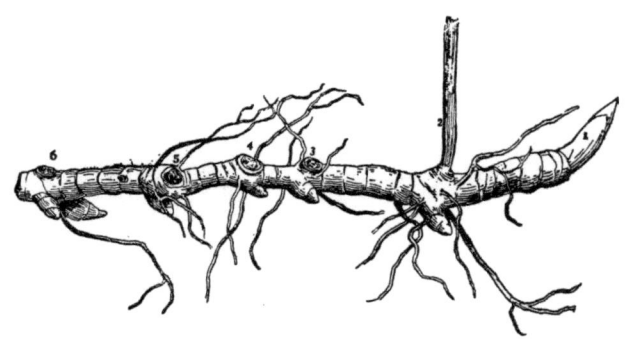

Über den Gebrauch der Texte in diesem Buch

1. Die Texte sind formlos und ihre Struktur ist jedem einzelnen Leser überlassen.

2. Sie sind bis zum Rand gefüllt mit Widersprüchen und Absurditäten, um die Vorstellungskraft anzuregen.

3. Es gibt keine Hierarchie der Ideen; alle sind gleichberechtigt und verdienen Beachtung.

4. Die Bedeutung ist fließend und verändert sich mit der Zeit und den individuellen Erfahrungen der Leser.

5. Die Texte sollen nicht in ihren Details beurteilt werden, sondern in den kreativen Konzepten, die sie inspirieren und hervorbringen.

6. Das Verständnis der Texte findet in einem ständigen Prozess der Reflexion und Neuinterpretation statt.

7. Die Unvollkommenheit und Unklarheit der Texte sind ein Spiegel der Unvollkommenheit der menschlichen Erfahrung.

8. Die Texte dienen als Anregung zum Denken und nicht als Litanei.

9. Alle Deutungen und Meinungen sind willkommen und bereichern das Fundament der Texte.

10. Bei der Auseinandersetzung mit den Texten gilt: Es gibt keine absolut richtigen oder falschen Antworten, nur verschiedene Perspektiven, die das menschliche Streben nach Wissen und Verständnis widerspiegeln.

11. Der Gebrauch von Drogen fördert nicht unbedingt das Verständnis und den richtigen Gebrauch der Texte.

GROB Magazin

Das Magazin als Buch widmet sich der Leichtigkeit in Text und Fotografie.

Bisher erschienen

GROB #001 - Über die Nonchalance des Moments
GROB #002 - Schnittkontinuum – 36 Kata von Ischgl
GROB #003 - Digital Trash Punk
GROB #004 - Was bleibt
GROB #005 - Kleines Webcam-Brevier
GROB #006 - Geisterbilder | Geistertexte
GROB #007 - Deutscher Realismus

http://www.grob-magazin.org
GROB International - Internet-Fotografie
GROB International - Aviation

GROB Fotoessay

Nr. 1: Ordnung
Nr. 2: Stille
Nr. 3: Dickicht
Nr. 4: Versuch über den Winter
Nr. 5: Commuting | Pendeln
Nr. 6: Große Ebene

GROB Buch

Über den Autor

Seit mehr als 25 Jahren übt Sascha Büttner die Profession des Coaches sowie des Trainers in der Arbeitswelt aus, ist Taijiquan, Tai Chi und Qigong Praktizierender und meditiert seit seinem vierzehnten Lebensjahr. Zudem betätigt er sich als Fotograf, Herausgeber und Autor.

Sascha Büttner gründete und betreibt das *metalabor*, einen der einflussreichsten, deutschsprachigen, Think Tanks.